¿ASÍ DICE EL SEÑOR?

¿ASÍ DICE EL SEÑOR?

CÓMO DISCERNIR *cuando* DIOS *nos habla* A TRAVÉS *de otra* PERSONA

JOHN BEVERE

CASA
CREACIÓN
Para vivir la Palabra

Para vivir la Palabra

MANTÉNGANSE ALERTA;
PERMANEZCAN FIRMES EN LA FE;
SEAN VALIENTES Y FUERTES.
—1 Corintios 16:13 (NVI)

¿Así dice el Señor? por John Bevere
Publicado por Casa Creación
Miami, Florida
www.casacreacion.com
©1999 derechos reservados

ISBN: 978-1-941538-74-6
E-book ISBN: 978-1-62998-868-9

Desarrollo editorial: *Grupo Nivel Uno, Inc.*

Publicado originalmente en inglés bajo el título:
Thus Saith the Lord?
Publicado por Charisma House,
A Charisma Media Company,
Lake Mary, FL 32746 USA
©1999 John Bevere

Visite la página web del autor: www.messengerinternational.org

Impreso en los Colombia

24 25 26 27 28 LBS 23 22 21 20 19

Índice

Dedicación

Dedico este libro a todos los llamados al ministerio profético. Dios dice:

«...si apartas lo precioso de lo vil, serás mi portavoz».
—JEREMÍAS 15:19, LBLA

Que el corazón de Dios pueda ser revelado a su pueblo a través suyo.

Reconocimientos

Mi más profunda apreciación a:

Mi esposa, Lisa. Junto al Señor eres mi amiga más preciada y mi gran amor. Gracias por las horas de edición con las que has contribuido para este libro. ¡Te amo!

A nuestros cuatro hijos, Addison, Austin, Alexander y Arden. Todos ustedes han traído gran gozo a mi vida. Cada uno de ustedes es un tesoro especial para mí. Gracias por compartir el llamado de Dios y animarme a viajar y escribir.

A Loran Johnson. Gracias por el amor, la bondad y la sabiduría que has dado desinteresadamente a nuestra familia y ministerio. Eres una verdadera amiga y discípula de Jesús.

Al pastor Al Brice. Conoces nuestras debilidades y has caminado con nosotros a través de nuestras deficiencias a lo largo de muchos años de amistad, amándonos aun más a Lisa y a mí. Gracias por ser un verdadero hermano y pastor.

Al equipo de los Ministerios John Bevere. Gracias por su apoyo y fidelidad inquebrantables. Lisa y yo los amamos a cada uno de ustedes.

A David y Pam Graham. Gracias por su apoyo fiel y sincero al supervisar las operaciones de nuestra oficina europea.

A Rory y Wendy Alec. Gracias por creer en el mensaje que Dios ha puesto en nuestros corazones. Atesoramos su amistad.

A Debora y Bárbara. Gracias por sus habilidades editoriales en este proyecto. Pero más que todo, gracias por su apoyo y aliento.

Más importante, mi sincera gratitud a mi Señor. ¿Cómo pueden las palabras reconocer adecuadamente todo lo que has hecho por mí y por tu pueblo? Te amo más de lo que soy capaz de expresar. ¡Te amaré siempre!

Prólogo

Uno de los primeros dones ministeriales restaurado por el Espíritu Santo es el ministerio profético. Así como la verdad de la sanidad o el bautismo del Espíritu Santo con su relación espiritual *carismática* han sido restaurados a la Iglesia, de la misma forma lo ha sido el quíntuple ministerio de apóstol, evangelista, pastor, maestro y profeta.

Aun así, parece que cuando algo bueno es restaurado en la Iglesia, inevitablemente sobrevienen los excesos. Y en el proceso, la gente a veces es lastimada; algunos lo son tan seriamente que se convierten en amargados o caen en la incredulidad.

Por ejemplo, si una persona está desesperada por sanidad, cree en ella, y no es sanada, con frecuencia se desilusiona y queda devastada. Si alguien se somete a un pastor y es abusado de alguna forma por dicho pastor, puede abandonar la iglesia descorazonado y temeroso de volver a creer alguna vez en algún pastor.

La restauración de los dones proféticos pareciera brindar mayor oportunidad a los malos entendidos y el abuso. Muchos cristianos no aceptan los dones proféticos como necesarios en la actualidad; creen que Dios ya no habla a su pueblo a través de profetas. Si vencen esa dificultad y creen que la profecía es para hoy día —inclusive para *ellos mismos* o para *sus familias*— pueden aun ser presas de la desilusión o el engaño por parte de aquellos que les han profetizado. Tal vez lleguen a aceptar cualquier «palabra» que viene de un «profeta» como si fuera del mismo Señor. Otros, emocionados por las palabras que han recibido, comienzan a seguir a aquellos con dones proféticos; en ocasiones más que a Cristo mismo.

En mi función como editor de la revista *Charisma*, he observado la restauración del ministerio profético a la iglesia a través del Espíritu Santo. Dios ha levantado voces proféticas en nuestra generación. Mi familia y yo hemos sido bendecidos y animados por las profecías que hemos recibido de parte de algunos con ministerios proféticos.

Recientemente, en mi propio estudio de la Biblia he notado historias bíblicas que parecen similares a las del ministerio profético personal que en ocasiones vemos en el presente. En Génesis 18 leemos acerca de tres hombres que visitaron a Abraham y le dijeron que para el mismo tiempo al año siguiente ¡Sara tendría un hijo! Sara se rió, creyendo que ella y Abraham eran ya muy viejos, pero Isaac nació más tarde ese año.

El ministerio de Jesús incluye su encuentro con la mujer en el pozo de Samaria, donde Él le dice cuántas veces había estado casada, y que el hombre con quien vivía no era su esposo. Asombrada, ella le contesta a Jesús: «Señor, me parece que tú eres profeta» (Juan 4:19).

Aunque he sido bendecido personalmente por el ministerio profético y creo que es válido para la Iglesia, estoy alarmándome cada vez más por los abusos que están ocurriendo. En nuestra casa editorial realizamos recientemente una investigación exhaustiva acerca de un ministerio que «vendía» profecías a cambio de donaciones de cierta cantidad de dinero. Cuanto más grande era la donación, más profunda era la profecía. En otra ocasión, un respetado ministerio televisivo levantó millones de dólares mientras uno de sus invitados «daba palabras» a los donantes que enviaban dinero para esa maratón televisiva.

¿Qué hemos hecho?

Creo que Dios ha puesto a ciertas personas en el Cuerpo de Cristo para que hagan sonar la alarma cuando algo va mal. El ya fallecido Jamie Buckingham, mi mentor durante largo tiempo, fue uno de esos hombres. Cuando el Movimiento del Discipulado cayó en el error en los setentas, él lo confrontó audazmente, proclamando la verdad a través de sus artículos y en algunos de sus libros.

Cuánto mejor para algunos, como Jamie, quien amaba a la gente involucrada, confrontar los temas que dejarlos en manos de los críticos que, con sus ataques destructivos, atacaban a aquellos que creíamos en la llenura del Espíritu Santo y en sus dones espirituales. La cacería de brujas que condujeron algunos críticos ha logrado muy poco excepto avergonzar a la Iglesia.

De la misma forma que el cuerpo físico tiene glóbulos blancos en la sangre para defendernos de las enfermedades, el Cuerpo de Cristo necesita hombres y mujeres de convicción que señalen dónde nos extraviamos del evangelio puro, y nos vuelvan nuevamente al camino recto y angosto, de regreso a Cristo.

Creo que John Bevere es ese hombre. En los últimos años Dios lo ha levantado como una voz para darle a la Iglesia un nuevo entendimiento del temor de Dios, y recordarle el peligro de mantener una actitud ofensiva hacia Él.

John escribe ahora un audaz libro, el cual él cree es uno de los más importantes que ha escrito hasta la fecha. Ve la devastación que viene cuando aquellos que tienen dones proféticos incurren en el error. Reconoce la trampa de dar profecías agradables solo porque existe el deseo de escucharlas de parte de algún cristiano. Identifica el hábito de dar «palabras» a la ligera con un «Así dice el Señor», cuando en realidad se tratan de opiniones personales, no oráculos de Dios.

John Bevere no se llama a sí mismo profeta, ni es «conocido» en esa función dentro del Cuerpo de Cristo. Aun así, creo que John es un profeta, con frecuencia clamando en el desierto, igual que su homónimo Juan el Bautista.

En este libro, John esta haciendo sonar la alarma. Está señalando hacia las Escrituras para ver lo que es buena y falsa profecía. Pero lo hace sin agravios, en amor, no como otros que exteriorizan sus críticas ásperas, en un espíritu de odio, buscando destruir más que construir.

Creo que de la misma forma en que un evangelista puede extraviarse de su llamado original de llevar a la gente al arrepentimiento, o un pastor puede *herir* más que *sanar* a su rebaño, una voz profética puede, a veces, crear destrucción en la vida de algunos donde se suponía que no lo hiciera.

Yo desafío a aquellos que tienen dones proféticos —desde los bien conocidos ministerios nacionales hasta los cristianos locales, cuyos dones han abierto puertas en su propia iglesia local— a leer cuidadosamente este libro. Necesitan analizarlo para recordar lo que dice la Escritura y ver si sus propios ministerios se alinean exactamente con la Palabra de Dios.

El pastor Haggard señala algunos puntos excelentes en un reciente número de la revista *Ministries Today*:[1]

> *«He llegado a la conclusión de que la falsa profecía es un maltrato del nombre del Señor, lo cual es una violación al tercer mandamiento; ¡y que los frágiles egos de la gente necesitan un buen tirón de orejas si es que están proclamándose a sí mismos portavoces de Dios y no lo son! Después de todo, la Biblia nos ordena probar la profecía para ver si realmente viene de Dios».*

1 Juan 4:1

Luego Haggard enumera tres niveles de profecía:

1. *«Así ha dicho el Señor»*

Esta es la más alta forma de profecía. Es dada cuando un creyente proclama hablar de parte de Dios mismo. Esta clase de

---

1 Haggard, «Handling False Prophecy», *Ministries Today*, septiembre/octubre 1998, p. 29.

profecía es 100% correcta o 100% falsa. Usar este tipo de profecía significa que no puede haber otras opiniones o pensamientos contrarios. La discusión está terminada porque Dios ha hablado.

2. «*Ha parecido bien al Espíritu Santo, y a nosotros*» *(Hechos 15:28)*

Esta clase de profecía refleja el consenso general acerca de la voluntad de Dios. Puede o no estar 100% acertada, pero al decir esto, un grupo está expresando que con lo mejor de sus capacidades creen que eso es la voluntad de Dios para una situación particular.

3. «*¿Esto significa algo para ti?, o ¿Qué piensas de esto?*»

Cuando, mientras oramos por una persona, una palabra o pensamiento viene a la mente, podemos preguntarle a la persona lo que Dios esta haciendo en su vida. A veces, el Señor nos guía a una intercesión profética. Esto también puede ser llamado «*palabra de ciencia*» o «*palabra de sabiduría*» (1 Corintios 12:8). Esta clase de profecía no reclama autoridad.

Haggard concluye su artículo con este pensamiento:

> «*Cuando entendí estas tres clases de profecía, se aclaró el camino en mi corazón para ser de mayor apoyo a varias de las funciones proféticas dentro del Cuerpo de Cristo. Sin estas funciones proféticas como un ingrediente vital en nuestras iglesias, funcionamos sin uno de los mayores dones, un hecho que innecesariamente debilita nuestras iglesias*».

A lo cual digo *¡Amén!*

Para aquellos de nosotros que probablemente nunca tengamos un ministerio profético, debemos leer cuidadosamente lo que la Palabra de Dios dice acerca de aquellos con ministerios proféticos. De la misma forma que los cristianos evangélicos no toleramos la predicación de las religiones falsas o paganas en nuestras iglesias, o rechazamos la teología liberal que no esta de acuerdo con la Palabra, debemos estar igualmente atentos que los ministerios proféticos estén alineados con la Palabra.

Creo que John Bevere tiene una palabra para la Iglesia. La ha articulado con poder y con pasión. He leído este libro en forma completa y cuidadosa porque siento que su mensaje es muy importante y necesita ser entendido y atendido, tanto por lo líderes cristianos como por los laicos.

—ESTEBAN STRANG,
fundador y CEO de Charisma Media
Lake Mary, Florida

capítulo 1

La necesidad del ministerio profético

El mayor privilegio y el deseo más profundo de todo creyente es escuchar la voz de Dios. Era el clamor de los patriarcas del Antiguo Testamento, quienes caminaron por las arenas del desierto. Era el anhelo de cada creyente del Nuevo Testamento: escuchar nuevamente la voz de Dios. Inherente a cada uno de nosotros, esta el deseo de escuchar y conocer la voz del Señor.

Es un precioso honor sentarse a sus pies y aprender de Él. Es un tesoro para ser guardado. Debemos separar tiempo para leer su Palabra y entonces escuchar en silencio su voz apacible y suave. Esta comunión debe ser cultivada, porque es un jardín de provisión, protección y refresco. Como el matrimonio, tiene momentos de gozo íntimo, secretos anhelos y amor sin palabras.

Es un lugar para descubrir nuestras almas. Es una relación especial y delicada, una que debe ser alimentada y protegida.

Dios le habla a sus hijos en formas muy variadas. Creo que su primer preferencia es hablarnos en forma directa. Por esa misma razón envió a su Hijo, para que el velo que separaba al hombre de Dios pudiera romperse. Este libro no intenta cubrir las numerosas formas en las que Dios puede elegir hablar. Es un tema muy amplio para ser tratado en un solo volumen. Este libro se enfoca en un aspecto específico: cómo saber cuando Dios esta hablándole a través de otro. Este discernimiento es una parte integral de su relación personal con Dios.

Es una asombrosa responsabilidad actuar como un portador del «mensaje de Dios». Pedro nos advierte: «El que habla, hágalo como quien expresa las palabras mismas de Dios» (1 Pedro 4:11, NVI). Pablo confirma que esto no es tema nada liviano: «Y estuve entre vosotros con debilidad, y mucho temor y temblor» (1 Corintios 2:3–6). Aunque somos humanos, Dios nos confía su preciosa voz y nos utiliza para hablar sus palabras a otros.

Un profeta es un portavoz divino. Hablar proféticamente es hacerlo por inspiración divina. Es la presentación del mensaje de Dios para un individuo, grupo, nación o generación. Puede traer dirección, corrección, advertencia, ánimo o instrucción; pero una cosa es cierta: *Siempre conducirá a los recipientes hacia el corazón y los caminos de Dios.* Un mensajero de Dios solo es bueno mientras es fiel a Aquel a quien representa. No se representa a sí mismo o a sus opiniones, sino a Dios.

Mi primer encuentro con la profecía personal

He sido gratamente ministrado por palabras personales de profecía. Recuerdo la primera vez que Dios me habló de esta forma; fue durante el año 1980. Estaba estudiando ingeniería mecánica en la universidad de Purdue. Había recibido la salvación dos años antes y poco después de eso sentí una fuerte inclinación en mi corazón hacia el ministerio. Mis padres no fueron muy receptivos a esto debido a nuestro trasfondo católico. Me encontré a mí mismo quebrándome emocionalmente, mientras oscilaba de acá para allá. Respetaba a mis padres, pero no podía ignorar el creciente llamado que sentía.

Asistí a una gran conferencia con otras 700 personas en Indianápolis, Indiana. El muy conocido ministro concluyó un hermoso mensaje, entonces dijo que Dios le había dado palabras para dos individuos. La primera era para un pastor bautista.

La segunda era para mí. Él dijo: «Hay aquí, esta noche, un hombre joven, y te encuentras sentado en las dos últimas filas del piso de abajo (mi ubicación). Vacilas de acá para allá mientras dudas si eres llamado para el ministerio. Un día sabes que sí lo eres, y al día siguiente te preguntas: *"¿Soy realmente llamado?"* Dios dice que, verdaderamente, eres llamado al ministerio de tiempo completo y que Él te utilizará de una forma maravillosa».

Mientras él hablaba yo sabía, sin ninguna duda, que Dios me estaba hablando directamente. La fuerte evidencia de su paz y su presencia llenaron mi corazón mientras escuchaba. Mientras pensaba, sentí como si cada palabra se convertía en una parte mía. Me di cuenta que un peso se había ido de mi alma. A la mañana siguiente tenía un inmenso gozo. Conocía que ese era un tema aclarado. Ya no sería más atormentado por los dobles pensamientos. Terminé mi carrera de ingeniería y para el verano del año 1983 estaba dedicado en el ministerio a tiempo completo, sirviendo a mi pastor. Aquella palabra terminó de afirmar el llamado de Dios para mi vida.

La carne versus las promesas

La Biblia revela que el ministerio profético tendrá un papel crucial en la preparación de la iglesia para el retorno del Señor. Pedro cita al profeta Joel, quien dijo: «… y vuestros hijos y vuestras hijas profetizarán … sobre mis siervos y sobre mis siervas en aquellos días derramaré de mi espíritu, y profetizarán» (Hechos 2:16–18; Joel 2:28–31). El enemigo también conoce esto. Él anhela arruinar o pervertir lo profético y disminuir su efectividad. Quiere que la iglesia permanezca carnal, porque entonces lo precioso se mezcla con lo vil.

No es de sorprenderse que exista un patrón bíblico aplicable al ministerio profético actual. Más de la mitad de las veces el Ismael precede al Isaac. La carne tratará de producir lo que solo el Espíritu puede. Permítame explicarlo. Cuando tenía 75 años, Abraham recibió la promesa de Dios que tendría un hijo. Luego de once años de espera, él y su esposa inventaron un plan de acción. Agar, la esclava de su esposa, fue entregada a Abraham, y nació un hijo llamado Ismael.

Dios permitió esto y debió haber pensado: «*Si ellos piensan que pueden dar a luz mi promesa a través de su carne, esperaré hasta que el sistema reproductivo de Abraham esté muerto* (ver Romanos 4:19) *entonces daré a luz al hijo de la promesa*». ¿Por qué? ¡Porque Él no permite que la carne se gloríe en su sabiduría! Pasaron trece años más, y ambos estaban muertos reproductivamente. Entonces Sara concibió y dio a luz a Isaac. Pablo escribió:

> «*En el nacimiento del hijo de la esclava no hubo nada sobrenatural. Pero el hijo de la libre nació porque Dios prometió a Abraham que nacería.*»
> —GÁLATAS 4:23, BD

Dios ha prometido restaurar la profecía en todo su poder antes del retorno de Jesús (Hechos 3:20, 21). La expectativa impregna la iglesia. Sin embargo, he sido testigo de la carne intentando dar a luz lo que Dios ha prometido.

Hay un ministerio profético nacido de la voluntad del Padre y uno nacido de la carne y de la voluntad del hombre. ¿Cuál es la diferencia? Aunque ambos son concebidos a través del deseo genuino de cumplir el plan y la promesa de Dios, el que es nacido de la carne es mantenido por la carne, mientras que el que es nacido del espíritu será sustentado por el Espíritu. La carne reproduce carne y por lo tanto habla directamente a los deseos del hombre. El espíritu reproduce espíritu y por lo tanto habla del deseo de Dios. El propósito de este libro es ayudarlo a discernir entre esas voces. Aunque las palabras de la carne pueden ser placenteras a nuestros oídos, nos guiarán a la corrupción, destrucción o posiblemente la muerte. Las palabras del Espíritu, aunque inicialmente puedan no ser placenteras, lo guían al corazón de Dios.

Pruebe toda la profecía

He recibido personalmente numerosos «Así ha dicho el Señor…» durante mis veinte años como cristiano. De esas, solo un puñado han probado ser verdaderamente palabras de Dios. Si hubiera atendido a muchas de ellas, hoy sería un individuo confundido y mayormente desviado de la voluntad divina. El Nuevo Testamento nos exhorta:

> «*No apaguéis el Espíritu; no menospreciéis las profecías. Antes bien, examinadlo todo cuidadosamente, retened lo bueno.*»
> —1 Tesalonicenses 5:19–21, lbla

Necesitamos la profecía en la iglesia y somos fuertemente advertidos a no menospreciarla. Menospreciar algo es condenarlo u odiarlo. Hemos estado tan temerosos de menospreciar la profecía que hemos sido negligentes en juzgarla. Es importante que aprendamos a reconocer o discernir lo verdadero de lo falso. Examine nuevamente las palabras de Pablo en el v. 20:

> «*Antes bien, examinadlo todo cuidadosamente, retened lo bueno.*»

Ese es el objetivo de este libro. No podemos aceptar lo falso como verdadero porque tenemos miedo de rechazar la verdad como falsa; debemos aprender a separar lo bueno de lo malo. Ni es correcto ser tan cautelosos y críticos que rechazamos la verdad. Creo que al presente, en los círculos llenos del Espíritu, estamos deslizándonos hacia la aceptación de cualquier palabra. Sin preocupación, minimizamos lo inexacto o las palabras carnales, con un: «Bueno…, ellos perdieron eso», o «Recién están creciendo en sus dones». Pero nadie puede tomar en forma despreocupada algo rotulado con «Así dice el Señor».

Israel también se equivocó en esta dirección. Llegó al punto donde Dios dijo a través del profeta Miqueas:

> *«Si con la intención de mentirles, llega algún embustero y les dice: "Yo les anuncio vino y cerveza", este pueblo lo verá como un profeta.»*
> —MIQUEAS 2:11, NVI

La Biblia al día es aun más fuerte. Dice: «Ese profeta borracho y mentiroso desean.» Dios estaba diciendo: «Abrazarán como profético cualquier cosa que satisfaga sus deseos y apetitos carnales.»

Pablo dice que debemos analizar y probar todas las cosas hasta que aprendamos a reconocer lo que viene de Dios. Ya que hemos errado siendo indulgentes, usted puede sentir que este libro se aproxima al otro extremo. Si es así, es con el deseo de traer un balance apropiado y santo. Debemos hacer brillar la luz de la Palabra de Dios mientras examinamos la profecía en su contexto.

Cómo surgió este libro

Originalmente no tenía planeado escribir este libro, sino la segunda parte de *El temor de Dios*. Pasé muchos meses compilando pasajes e información, y la casa publicadora hasta lo anunció. En una cena con el editor y algunas personas de su equipo, compartí algunos puntos de vista e ideas que encontrará en este libro. Noté que el editor estaba quieto y atento mientras yo hablaba.

Luego me preguntó:

—John, ¿puedes escribir esto como tu próximo libro?

Sorprendido le pregunté:

—¿Quieres decir... en lugar de los planes que ya existen?

Él dijo:

—Sí.

—Déjame orar acerca de esto.

Diligentemente busqué la voluntad de Dios a través de la oración. Compartí la idea del libro con algunos amigos cercanos en quien confío, y ellos también me animaron fuertemente a escribir sobre este tópico. En lo profundo de mi corazón sabía que iba a hacerlo, pero también sabía que podía causar malestar en algunos y ser malentendido por otros. «Señor», pregunté; «¿realmente quieres que escriba este libro?» Yo no podía pensar sino en la persecución que podía traer. «¿Por qué debo traer persecución sobre mí mismo?»

Me encontré a mi mismo llorando. Sabía que había sido egoísta. Recordé muchas personas con las que me había encontrado y las historias que había escuchado de quienes quedaron manchados por palabras que no eran genuinas. Decidí que no podía retirarme de lo que Dios me había confiado declarar.

En este libro he incluido historias verdaderas que, creo, lo ayudarán a aprender a identificar lo real de lo falso. No se mencionan nombres porque no se trata de identificar individuos sino errores. Con la excepción de dos relatos, cada uno involucra a alguien con un ministerio profético nacionalmente reconocido. Digo esto para señalar que no son ejemplos que suceden en lugares remotos o con poca frecuencia. Creo que estos ejemplos son la representación adecuada de lo que está sucediendo en escala nacional. He hablado con muchos líderes que tienen historias propias similares, las cuales no he incluido debido a la falta de espacio. Creo que enfrentamos una crisis en la iglesia en general, y que empeorará si no abrazamos la verdad y nos volvemos de las mentiras.

Las verdades en este libro pueden hacer que usted se sienta incómodo o traer condena. Sé esto porque fui condenado mientras escribía. Encontré la iluminación del Espíritu Santo de la verdad más reveladora, en áreas donde había fallado en caminar de acuerdo con su voluntad. Me arrepentí y cambié mi perspectiva sobre dar palabras que tengan a modo de prólogo un «Así dice el Señor».

Es mi sincero deseo que este libro pueda enfocar y despabilar a aquellos que ya están siendo usados en el campo del ministerio profético. Para lograr esto debemos mantener un corazón abierto y educable. También debemos creer en las verdades leídas en la Palabra de Dios, en lugar de leer lo que ya creemos. Cuando somos confrontados con la verdad podemos responder de dos formas. Podemos enojarnos y tomar la actitud defensiva, como Caín, el hijo de Adán, y abandonar la revelación que necesitamos. O podemos ser humildes y quebrarnos como David, cuando fue confrontado por Natán, y elevarnos a un nuevo nivel en carácter santo.

capítulo 2

El engaño diseminado

Actualmente vivimos en el umbral de un gran cambio: los últimos años, días y horas antes de la Segunda Venida de nuestro Señor. La mayoría de ustedes ya son conscientes de esto. Aunque Jesús dijo que no sabríamos el día ni la hora, prometió que conoceríamos la época. ¡Y la misma está sobre nosotros! Nunca antes tal concurrencia de cumplimientos de profecías ocurrieron en la Iglesia, en Israel y en la naturaleza. Jesús nos aseguró que: «De cierto os digo, que no pasará esta generación hasta que todo esto acontezca» (Mateo 24:34). Estos eventos concluirán con el Hijo del Hombre viniendo sobre las nubes del cielo, para juntar a sus escogidos desde los puntos más lejanos de la tierra y del cielo (Mateo 24:30, 31).

Nuestro período de tiempo es mencionado repetidamente a través de las Escrituras. Muy posiblemente es la época más emocionante como también la más aterradora en la historia de la humanidad. Es emocionante porque vamos a ser testigos de la más grande revelación de la gloria de Dios que cualquier generación haya experimentado jamás. Esta vendrá acompañada de una cosecha de almas de tal magnitud que es inimaginable. Será un tiempo de gran gozo y gloria.

Pero también será un tiempo de juicio y temor, porque se nos dijo explícitamente a través del apóstol Pablo: «También debes saber esto: que en los postreros días vendrán tiempos peligrosos» (2 Timoteo 3:1). Estos tiempos difíciles serán magnificados por la oscuridad espiritual del *engaño* difundido. Esta advertencia suena repetidamente a través del Nuevo Testamento. Cada epístola se hizo eco de este mensaje a la iglesia del primer siglo como una amonestación urgente para sus días, la cual también debía ser pasada a las futuras generaciones de los últimos días.

Esto no estaba limitado solo a las epístolas. Jesús también nos advirtió en los evangelios acerca del engaño. En una de esas referencias, que encontramos en Mateo 24, nos amonesta cuatro veces que tengamos cuidado con el engaño. Cuando los discípulos le preguntaron por las señales que precederían a su venida, Jesús comenzó su respuesta con: «Mirad que nadie os engañe» (Mateo 24:4).

Es fácil sentir la urgencia de sus palabras. Hay un tono serio y solemne. Jesús quiere que sus palabras queden impresas en las almas los discípulos como nunca antes. Dos mil años después debemos ser sabios y no ser negligentes con su amonestación.

Dios amonestó a los suyos: «Escucha, pueblo mío, mis advertencias; ¡ay Israel, si tan sólo me escucharas!» (Salmo 81:8, nvi). Él está suplicándoles: «¡Les estoy advirtiendo, pero ustedes no me están escuchando!» Solo nos beneficiamos de las advertencias de Dios cuando las escuchamos y obedecemos cuidadosamente a su Palabra. Los padres saben que hay veces cuando sus hijos escuchan pero no hacen lo que se les dice. Cuando son confrontados, con frecuencia contestan: «¡Es que no entiendo lo que quieres decir…!» Esto suele suceder porque no sienten que lo que dijimos era suficientemente importante como para hacer preguntas, o simplemente para darse cuenta de cómo se aplicaba a ellos. Cuando llegan las consecuencias, entonces entienden repentinamente.

Igual que entre los niños y los padres, sería tonto de nuestra parte pensar que podemos manejar las amonestaciones de Dios descuidadamente y permanecer libres de las consecuencias. Salomón se dio cuenta de esta verdad en sus últimos años: «Más vale joven pero sabio que rey viejo pero necio, que ya no sabe recibir consejos» (Eclesiastés 4:13, NVI). Salomón buscó la sabiduría de Dios mientras era joven y disfrutó de las bendiciones y los beneficios del consejo sabio de Dios durante un tiempo. Como resultado, el reino prosperó y él vivió una larga y completa vida.

Pero a medida que el tiempo pasaba se volvió de la sabiduría inicial de su juventud. No pasó mucho tiempo antes que entrara el engaño. Aunque poseía gran conocimiento y sabiduría, falló en obedecerla. Sin esta obediencia o sumisión a la verdad, el engaño cambió los pasos de este brillante rey, del camino angosto de la justicia hacia uno ancho de destrucción. Mientras su corazón se oscurecía, Salomón se volvió a la idolatría. Toda su inteligencia no pudo guardarlo del engaño. El conocimiento sin la obediencia correspondiente es una tontería destructiva.

Se nos advierte: «Así que, el que piensa estar firme, mire que no caiga» (1 Corintios 10:12). Obedecer a algo significa darle atención especial, consideración y ser consciente de ello. Su antónimo es la negligencia. Si nuestros corazones no son guiados por la Palabra de Dios, nos exponemos a nosotros mismos a la destrucción. Proverbios 28:26 dice: «El que confía en su propio corazón es necio; mas el que camina en sabiduría será librado.» No podemos confiar en nuestro corazón porque la Palabra de Dios nos dice que es engañoso sobre todas las cosas (Jeremías 17:9).

Para caminar sabiamente debemos observar todo el consejo de la Palabra, no solo en porciones. Esto incluye las advertencias. Proverbios 12:15 confirma que «el que obedece al consejo es sabio».

Advertencias para la Iglesia

Pablo encontró que era imperativo tanto el amonestar como el enseñar. Él instruyó a los administradores de la Palabra de Dios que tanto la amonestación como la enseñanza eran necesarias para presentar a cada persona perfecta en Cristo. Él escribió:

> *«A quien anunciamos, amonestando a todo hombre, y enseñando a todo hombre en toda sabiduría, a fin de presentar perfecto en Cristo Jesús a todo hombre.»*
> —COLOSENSES 1:28

La enseñanza nos *establece*, ¡pero las amonestaciones nos protegen! Si solo somos enseñados pero se es negligente con las amonestaciones, podemos perder lo que se ha establecido a través del ministerio de la enseñanza. Esto es verdad independientemente de cuán grande sea esa enseñanza. Salomón, el más grande y sabio de los maestros, cambió cuando no obedeció las amonestaciones de Dios. No importa cuán hábiles seamos en la Palabra de Dios, puede ser pervertida o destruida cuando no va acompañada muy de cerca por la atención a las amonestaciones de Dios.

En su último discurso a los ancianos de Éfeso, Pablo enfatizó nuevamente la importancia de amonestar a las ovejas utilizándose a sí mismo como ejemplo:

> *«Por tanto, velad, acordándoos que por tres años, de noche y de día, no he cesado de amonestar con lágrimas a cada uno.»*
> —HECHOS 20:31

Note que esto era en forma continua y para todos, no solo para los nuevos convertidos.

Fue muy importante que durante tres años Pablo no dejara pasar un día sin amonestarlos. Note su pasión mientras les recordaba a ellos de sus lágrimas. Él quería la imagen de un padre llorando, quemando en la memoria de ellos. Su corazón clamó con preocupación. ¿Dónde están esos padres o pastores hoy día? ¿Dónde están los padres que llevan la carga de las ovejas? Estos líderes rechazan las comodidades actuales mientras proclaman una amonestación para mañana. ¡Que Dios nos ayude a tener tales corazones!

En la actualidad hay una gran presión sobre los ministerios para evitar los temas controversiales y hacer que la gente se sienta cómoda. Con mucha frecuencia esa presión sucumbe ante un esfuerzo por mantener y abrir nuevas puertas de oportunidades para el «ministerio». Como resultado, a menudo las amonestaciones genuinas son omitidas para no arriesgar las buenas ofrendas e invitaciones. Mientras la reputación de los ministros permanece intacta, las ovejas son apartadas y destrozadas por lobos voraces porque han perdido la protección necesaria.

Dos fuentes de engaño

Jesús describió dos fuentes de engaño: los falsos cristos o anticristos, y los falsos profetas. Los falsos cristos o anticristos son aquellos que niegan que Jesucristo, el Hijo de Dios, se hizo carne como un hombre natural. Estos engañadores tienen un espíritu de anticristo (1 Juan 2:18–23; 2 Juan 7, 8). Históricamente han mantenido que Jesús nunca fue realmente hijo de hombre, que siempre fue divino, y por lo tanto nunca murió en verdad. Actualmente, este espíritu se manifiesta a través de varias enseñanzas de otros cultos. El resultado final es que ellos siempre atacan la verdad de Jesús hecho carne. Esta línea de pensamiento es inaceptable en cualquier iglesia basada en las Escrituras o en la vida de los creyentes. No es de los anticristos sobre lo que estoy advirtiendo.

La segunda categoría de engañadores que Jesús definió son los falsos profetas. Estos pueden ser divididos en dos subcategorías.

Primero, aquellos que proclaman otra forma de Dios, comúnmente lo describen como el poder superior. Presentan un camino a Dios que esquiva a Jesús en lugar de llegar a través de Él. Nuevamente, la mayoría de los creyentes no prestarían atención a estos profetas. Sin embargo, el segundo grupo de falsos profetas es más difícil de reconocer. Están en la iglesia, y sin estorbo pueden engañar hasta a los elegidos. Jesús dijo que ellos se levantarían con señales y maravillas: «...de tal manera que engañarán, si fuere posible, aun a los escogidos» (Mateo 24:24). Están entre nosotros, usando la misma Biblia, acompañados de dones sobrenaturales, pero se extravían guiando gente hacia ellos mismos en lugar de hacerlo hacia el corazón y el gobierno de Dios.

Nuevamente, Pablo lo hace claro a la iglesia de Éfeso a través de sus continuas amonestaciones:

> *«Porque yo sé que después de mi partida entrarán en medio de vosotros lobos rapaces, que no perdonarán al rebaño. Y de vosotros mismos se levantarán hombres que hablen cosas perversas para arrastrar tras sí a los discípulos. Por tanto, velad, acordándoos que por tres años, de noche y de día, no he cesado de amonestar con lágrimas a cada uno.»*
>
> —Hechos 20:29–31

Note que Pablo dice que vendrán como lobos. Jesús describe a estos falsos profetas como lobos vestidos de ovejas (Mateo 7:15). No dice «vestidos de pastores»; sin embargo, pueden o no tener un ministerio público. Es importante que no limitemos los *falsos profetas* a los que están en el ministerio del púlpito. El énfasis de Jesús era que desde todos los aspectos se asemejarían a un creyente, y que su apariencia externa ocultaría sus motivos internos. Todos los ministros del púlpito a tiempo completo deben ser creyentes, pero no todos los creyentes son ministros del púlpito a tiempo completo (Efesios 4:11). Por lo tanto, las palabras de Jesús nos muestran que los falsos profetas se mezclan tan fácilmente con la congregación como con los ministros que están en el púlpito.

Los falsos profetas se asemejan a los creyentes. Ellos pueden hablar, enseñar, cantar, predicar o actuar como uno de ellos, pero sus deseos o motivaciones son completamente diferentes. El deleite de los verdaderos creyentes está en cumplir los deseos de su Maestro. Los lobos solo piensan en ellos mismos. Si la obediencia no interfiere con el cumplimiento de sus agendas se someterán, haciendo más difícil el distinguirlos de los creyentes. Es por esto que Jesús dijo que solo serían identificados por sus frutos. El verdadero fruto permanece constante a través de las circunstancias adversas, y trae salud y vida a los demás.

Los falsos profetas son aquellos que todavía no han sometido sus vidas al señorío de Jesús. Han buscado a Dios por razones equivocadas. Lo sirven por lo que pueden obtener de Él en lugar de hacerlo por lo que Él es. Son impostores fácilmente confundidos, hasta que sus motivos son revelados. De hecho, no solo engañan a otros sino que también se engañan a ellos mismos (2 Timoteo 3:13). Realmente creen que están viviendo una vida de obediencia. En el día final, son ellos los que llamarán a Jesús Señor y profetizarán en su nombre, solo para escucharlo responder: «Nunca os conocí; apartaos de mí, hacedores de maldad [los que no hacen la voluntad de mi Padre]» (ver Mateo 7:15–23, nota entre corchetes agregada). Esta clase de engaño va a ser tan efectiva que Pablo todavía está preocupado de que los creyentes puedan ser apartados, ¡aun luego de haberles advertido día y noche durante tres años!

Pablo sacude cualquier confianza que los efesios pudieran tener en ellos mismos con su comentario: «Y de vosotros mismos se levantarán hombres que hablen cosas perversas para arrastrar tras sí a los discípulos» (Hechos 20:30). La versión *la Biblia al día* lo señala aun más: «Y algunos de ustedes mismos falsearán la verdad para arrastrar seguidores.»

Estos son creyentes que sirvieron y produjeron fruto en el pasado, pero en algún lugar, a lo largo de la línea, algo de su vieja naturaleza surgió, o tal vez fueron llevados por mal camino, por lo que volvieron nuevamente a servirse a ellos mismos. Tenga en mente que Pablo se está dirigiendo a los ancianos de la iglesia. ¡Qué cosas para decir a los mismos líderes a quienes él mismo se dio! Esto nos da un mayor entendimiento de sus lágrimas. Cuán difícil debe haber sido para él, no obstante necesitaba eliminar la dificultad.

No es diferente en la actualidad. Nunca ha habido una necesidad tan grande de la verdad; Jesús describe estos últimos días como el período de reproducción del engaño.

Actualmente la Iglesia está siendo infiltrada por la falsa profecía. Como resultado, ha sido contaminada hasta el punto de distorsionar la verdadera Palabra de Dios. Lo falso es ahora más popular y rápidamente aceptado que lo verdadero. Debemos escuchar al Cielo antes que la corrupción tome la Iglesia.

Un llamado a despertar

Por casi toda la década de 1980 serví a tiempo completo en el equipo de una iglesia local. Durante toda la década de 1990 he visitado cientos de iglesias de distintas denominaciones ubicadas en cada continente, tanto en conferencias como en institutos bíblicos. Como resultado he visto y experimentado tanto lo maravilloso como lo desalentador a nivel local, nacional e internacional. Creo que Dios ha permitido esto para que pueda servir mejor a su pueblo.

Con mi esposa hemos experimentado de primera mano el ministerio profético falso. Hemos escuchado numerosos casos de abuso y caminado con otros a través de sus encuentros con el falso ministerio profético. Los casos han variado desde lo levemente dañino hasta lo desastroso. He escuchado a pastores compartir cómo la falsa adivinación ha destruido familias y controlado o dividido iglesias. Lo he visto en nuestra iglesia local. En algunos casos el engaño es ahora evidente, pero solo después de que el daño fue hecho. La mayoría de las veces esos profetas continúan como antes, debido a la falta de pastoreo por parte de los superintendentes de la iglesia. Con frecuencia, dichos supervisores también están intimidados. Pablo amonestó al liderazgo diciendo:

> «*Por tanto, mirad por vosotros, y por todo el rebaño en que el Espíritu Santo os ha puesto por obispos, para apacentar la iglesia del Señor, la cual él ganó por su propia sangre.*»
>
> —Hechos 20:28

Un pastor no solo alimenta sino que también protege. Es tiempo de que los líderes se levanten y protejan a su rebaño. Esto significa ya no pasar más por alto o minimizar las falsas profecías. He sido muy bendecido por el comentario que leí en la revista *Ministries Today*:

> «*El año pasado, mientras estaba reunido con un grupo de líderes cristianos, todos comenzaron a contar historias divertidas acerca de falsas profecías. Mientras escuchaba y reía, vi que se había convertido en una práctica común el ignorar, o al menos tomar livianamente, a muchas de las personas que "hablan en el nombre del Señor". Todos hemos aprendido a controlar nuestras lenguas y ser gentiles. Todos dijeron recibir notas, participar en reuniones y hasta animar a gente con palabras proféticas, sabiendo que no eran genuinas...*»

Esta reunión llevó al autor a buscar la verdad. Luego de examinar la Palabra de Dios, escribió:

> «*He llegado a la conclusión que la falsa profecía es un maltrato al nombre del Señor, lo cual es una violación al tercer mandamiento; ¡y que los frágiles egos de la gente necesitan un buen tirón de orejas si es que están*

proclamándose a sí mismos portavoces de Dios, ¡pero no lo son!»

Esto es un ejemplo de un pastor dando una alarma en el Cuerpo de Cristo acerca de los peligros inherentes de la falsa profecía. Eso es parte del pastorear al pueblo de Dios.

Escuchamos profecías personales o colectivas dadas en el nombre del Señor. A veces damos una mirada de asombro o lloramos por la exactitud de la palabra dada. Pero entonces no nos damos cuenta de la profanación que se ha revelado hasta que el daño ha tomado lugar, meses o hasta años más tarde.

En este libro veremos claramente, tanto desde las Escrituras así también como de experiencias que alinearse con la Palabra de Dios no determina exactamente que la palabra era del Señor. De hecho, una palabra puede ser sumamente exacta y dicha como «así dice el Señor...», y no venir para nada de la boca del Señor.

¿Cómo sabemos si estamos siendo guiados o engañados? La respuesta se ve claramente en los siguientes versículos:

> *«Los mandamientos de Jehová son rectos,*
> *   que alegran el corazón;*
> *el precepto de Jehová es puro,*
> *   que alumbra los ojos.*
> *El temor de Jehová es limpio,*
> *   que permanece para siempre;*
> *los juicios de Jehová son verdad,*
> *   todos justos.*
> *Deseables son más que el oro,*
> *   y más que mucho oro afinado;*
> *y dulces más que miel,*
> *   y que la que destila del panal.*
> *Tu siervo es además amonestado con ellos;*
> *   en guardarlos hay grande galardón.»*
>
> —Salmo 19:8–11

Cuando tememos al Señor seremos guardados puros y limpios, y estaremos correctamente capacitados, enseñados y amonestados por su palabra. El motivo por el cual dos personas pueden leer la misma Biblia y uno caer en el camino del engaño mientras que el otro es guiado en los caminos del Señor es, simplemente, porque difieren en su temor al Señor.

Si teme a Dios obedecerá las amonestaciones de su Palabra. Mientras lee, clame desde lo profundo de su corazón igual que el salmista:

«Instrúyeme, Señor,
en tu camino para conducirme con fidelidad.
Dame integridad de corazón para temer tu nombre».
—Salmo 86:11, nvi

capítulo 3

El ministerio profético verdadero - I

Para identificar adecuadamente lo falso primero debemos bosquejar lo real. Un documental reciente en una de las mayores cadenas de televisión ejemplificó esto. El equipo de noticias recibió el reporte de que cierta cadena de joyerías estaba vendiendo piedras fabricadas, como si fueran preciosas, es decir, reales. Estas tiendas habían estado en el negocio por años, y una veintena de hombres y mujeres habían comprado lo que ellos creían eran piedras preciosas. Esos clientes no solo habían comprado piedras para ellos mismos, sino que también habían compartido sus tesoros con otros.

Nadie cuestionó la autenticidad de las piedras hasta que individuos expertos señalaron que eran fabricadas. Los equipos de noticias fueron a las tiendas con cámaras ocultas y, luego de varias semanas de investigación, expusieron el fraude.

¿Cómo engañaron estos joyeros a tantas personas? La respuesta es simple. Lo falso se parecía mucho a lo real. No se percibía la diferencia a no ser que se tuviera un ojo adiestrado. Observé cómo un experto le enseñó a la periodista de televisión a identificar el engaño. Primero estableció el criterio de autenticidad. Le mostró cómo se veía una piedra preciosa real, bajo el escrutinio de un vidrio de aumento de alto poder. Luego le explicó qué buscar en la piedra falsa. Sin este adiestramiento, ella hubiera sido fácilmente engañada por falta de conocimiento.

Estos mismos principios se aplican para identificar si la profecía es falsa o verdadera. Cuanto más rápido reconozcamos lo real, menos vulnerables seremos a lo falso. Si nunca he visto un zafiro o una esmeralda real, puedo ser engañado fácilmente. Usted podría mostrarme una piedra verde y decirme que es un zafiro; yo no conocería que los zafiros en realidad son azules, así que no tendría razón para dudar. Usted hasta podría darme libros bosquejando las características de los zafiros verdes para llevar más lejos el engaño. En poco tiempo, yo sería resistente a las características de los reales. Esto explica cómo muchos son engañados por las sectas.

A la inversa, si sé que los zafiros son azules, inmediatamente rechazaría los de otro color. Cualquiera que fuera falso, por lo menos tendría que parecerse a un zafiro. Aun así, yo podría caer presa de cualquier joyero astuto con una buena imitación, como muchas de las que fueron extraídas de las joyerías en el documental de televisión. Pero, ¿qué sucedería si yo estuviera adiestrado? Entonces sería casi imposible engañarme, aun con la mejor imitación.

Nos fue dicho: «Toda la Escritura es inspirada por Dios y útil para enseñar, para reprender, para corregir y para instruir en justicia» (2 Timoteo 3:16, NVI). Encontramos nuestro adiestramiento y guías necesarios en la Palabra de Dios. Cuanto más diestros nos convertimos en las Escrituras, más evidente y clara es la delineación entre lo verdadero y lo falso, lo correcto y lo incorrecto. La Palabra es nuestra salvaguarda contra el engaño. Con mucha frecuencia somos como los clientes de esas joyerías, quienes gastaron su dinero en costosas imitaciones. Poseemos solo un conocimiento superficial de lo genuino. Carecemos de la sabiduría para separar lo precioso de lo que no tiene valor. Los ojos sin adiestramiento pueden fácilmente confundir la imitación con lo auténtico. Una profecía falsa con frecuencia parece real por comenzar con un «Así dice el Señor...», seguida por la compasión por las heridas pasadas y el pronunciamiento de las «bendiciones» por venir; entonces usted está atrapado.

Definición de profeta

La primera mención de la palabra *profeta* en las Escrituras es una referencia a Abraham encontrada en Génesis 20:7. Dios advirtió a Abimelec: «Ahora, pues, devuelve la mujer a su marido; porque es profeta.» Cuando pensamos en Abraham, la primera descripción que nos viene a la mente no es la de un profeta. No pensamos de él como tal porque no lo vemos prediciendo eventos futuros, pero Dios lo vio como uno de ellos. Esto expone un concepto erróneo o limitación que tenemos sobre los profetas. Dejemos que las Escrituras nos den la verdadera descripción de un profeta.

En referencia a Abraham, la palabra hebrea para *profeta* es *nabi'*. Esta es la palabra más común utilizada para los profetas en el Antiguo Testamento; aparece más de 300 veces. Cuando un autor introduce un término usualmente lo define. (Si no lo hace la primera vez, entonces lo hace poco después.) En este caso, no es dada una definición clara de profeta la primera vez que Dios, el autor de las Escrituras, la usa. Pero aprendemos más de su significado en las siguientes apariciones.

La segunda mención de *nabi'* en las Escrituras nos da una visión general de su significado. En Éxodo 7:1 leemos:

> «*Jehová dijo a Moisés: Mira, yo te he constituido dios para Faraón, y tu hermano Aarón será tu profeta.*»

La escena es inmediatamente después de que Moisés compartió su falta de habilidad para hablar claramente y afirmar que no podía aparecer ante Faraón como el portavoz de Dios (Éxodo 4:10–16). Aunque esto disgustó a Dios, nombró a Aarón (el hermano mayor de Moisés) como el representante de Moisés. Él explicó:

> «*Y él hablará por ti al pueblo; él te será a ti en lugar de boca, y tú serás para él en lugar de Dios.*»
>
> —Éxodo 4:16

Podemos obtener de estos dos pasajes la definición global de profeta. Moisés tenía el mensaje, pero Aarón era la voz. Dios dijo que Aarón sería el portavoz o profeta para Moisés. La definición se encuentra en sus funciones: *un profeta es aquél que habla por otro, o uno que presta su voz a otro.* El concepto de profeta como que predice el futuro es erróneo.

La definición básica de *nabi'* es apoyada nuevamente en su primera aparición en referencia a Jesús. Dios prometió a Moisés que, para su pueblo, «Profeta les levantaré de en medio de sus hermanos, como tú; y pondré mis palabras en su boca, y él les hablará todo lo que yo le mandare.» (Deuteronomio 18:18). Esto, por supuesto, se refiere a Jesús. Hebreos 1:1, 2 reitera la función del profeta diciendo: «Dios, habiendo hablado muchas veces y de muchas maneras en otro tiempo a los padres por los profetas, en estos postreros días nos ha hablado por el hijo.» Nuevamente, el énfasis está en ser un representante o portavoz y no en predecir eventos.

Jesús mismo confirmó esto: «Porque yo no he hablado por mi propia cuenta; el Padre que me envió, él me dio mandamiento de lo que he de decir, y de lo que he de hablar» (Juan 12:49). La definición más clara de *profeta* es: «Uno que habla por otro.»

Esto podría incluir predecir el futuro, pero esta lejos del verdadero énfasis de profeta.

Los profetas del Nuevo Testamento

Para definir a un profeta un poco más debemos examinar lo que el Nuevo Testamento tiene para decir. Las Escrituras registran que cuando Jesús resucitó de la muerte, Él estableció dones u oficios con el propósito de construir y fortalecer a su iglesia:

> «Y él mismo constituyó a unos, apóstoles; a otros, profetas; a otros, evangelistas; a otros, pastores y maestros, a fin de perfeccionar a los santos para la obra del ministerio, para la edificación del cuerpo de Cristo, hasta que todos lleguemos a la unidad de la fe y del conocimiento del Hijo de Dios, a un varón perfecto, a la medida de la estatura de la plenitud de Cristo».
>
> —EFESIOS 4:11–13

Note que Jesús es el que nombra estos oficios. Una persona no elige ocuparlos. Es el llamado de Dios y debe venir a través de su nombramiento.

Fíjese que estos oficios no son dados hasta que el Cuerpo de Cristo llega a la unidad de la fe y del conocimiento de Jesucristo. Esto todavía tiene que suceder y no concluye con el paso de los apóstoles y profetas que aparecen en el Nuevo Testamento. Por lo tanto, el oficio de profeta todavía está vigente y es muy necesario.

Aunque muchos estarían de acuerdo con esto, es importante enfatizar que los apóstoles o profetas actuales ya no escriben o agregan algo a las Escrituras. El libro de Apocalipsis nos advierte que si alguno agrega algo a las palabras de las Escrituras, Dios traerá plagas sobre su vida. Y si alguien saca algo de las palabras de la Biblia, Dios quitará su parte del libro de la vida (Apocalipsis 22:18, 19). Por lo tanto, cualquier cosa hablada ahora no debe contradecir en ninguna forma lo establecido en las Escrituras.

Tal como Pablo dijo: «Si alguno os predica diferente evangelio del que habéis recibido, sea anatema» (Gálatas 1:9).

Por otro lado, Pedro nos exhorta: «¿Te sientes llamado a predicar? Predica entonces como si Dios mismo hablara a través de ti» (1 Pedro 4:11, BD). Un profeta es el que tiene un mensaje de Dios para su iglesia. Como ilustración, mire a los mensajeros de un rey. Un monarca se comunica directamente con su pueblo a través de sus mensajeros designados. Es importante que los emisarios comuniquen en forma apropiada no solo las palabras del rey, sino también su corazón. El mensajero debe comunicar el mensaje como si el mismo rey lo estuviera haciendo.

Aunque el mensaje del profeta no debe contradecir las Escrituras, a veces puede traer uno que no esté confirmado por un capítulo y versículo. Este mensaje puede ser una palabra genuina de Dios. Un buen ejemplo de esto es la palabra que Agabo dio a la iglesia en Antioquía acerca de la gran hambre que vendría sobre la tierra (Hechos 11:27, 28), o su advertencia a Pablo de que lo atarían y lo entregarían en las manos de los gentiles (Hechos 21:10, 11). Es en estas áreas donde el engaño entra fácilmente en escena. Un falso profeta puede dar un mensaje individual o colectivo cuya autenticidad no pueda ser confirmada o supuesta por las Escrituras. Con frecuencia, este mensaje viene de su propia inspiración o de espíritus familiares. Si no son confrontados, estos mensajes o palabras proféticas pueden corromper al pueblo de Dios y hacerlos inútiles (Jeremías 23:16). La corrupción o contaminación será explicada en detalle en el capítulo 5. Es mi oración que la verdad en este libro pueda advertirle, protegerlo o librarlo de esta clase de corrupción o contaminación.

Examinemos lo que las Escrituras revelan acerca del ministerio profético de estos postreros días.

Elías el profeta

«He aquí, yo os envío el profeta Elías, antes que venga el día de Jehová, grande y terrible. Él hará volver el corazón

de los padres hacia los hijos, y el corazón de los hijos hacia los padres, no sea que yo venga y hiera la tierra con maldición.»

—MALAQUÍAS 4:5, 6

La segunda venida de Cristo es el gran día de la ira del Señor. Jesús dijo que en ese día «lamentarán todas las tribus de la tierra, y verán al Hijo del Hombre viniendo sobre las nubes del cielo, con poder y gran gloria» (Mateo 24:30). Será un día terrible para aquellos que no lo aman y obedecen. Juan, el apóstol, recibió una visión de ese día y describió cómo ellos «se escondieron en las cuevas y entre las peñas de los montes; y decían a los montes y a las peñas: Caed sobre nosotros, y escondednos del rostro de aquel que está sentado sobre el trono, y de la ira del Cordero; porque el gran día de su ira ha llegado; ¿y quién podrá sostenerse en pie?» (Apocalipsis 6:15–17).

Antes que este día llegue, Dios enviaría a Elías el profeta. Este Elías que va a venir no es el Elías de 1 y 2 Reyes, volviendo a la tierra. El texto no se está refiriendo a un hombre histórico ni está limitado meramente a un hombre. Más bien esto describe el verdadero significado de Elías. Para explicarlo, la palabra Elías viene de dos palabras hebreas: *el* y *Yahh*. El significa «fortaleza o poder» y *Yahh* es el nombre sagrado del verdadero Dios, Jehová. Al unirlas tenemos «el poder o fortaleza de Jehová, el Dios verdadero». Así que lo que Malaquías estaba diciendo es que antes del día del Señor, Dios enviaría un ministerio profético en la fortaleza y poder del único y verdadero Dios.

Previo a la primera venida de Jesús, el ángel Gabriel se le apareció a Zacarías, el padre de Juan el Bautista, y describió el llamado que había sobre la vida de su hijo:

«Y hará que muchos de los hijos de Israel se conviertan al Señor Dios de ellos. E irá delante de él con el espíritu y el poder de Elías, para hacer volver los corazones de los

padres a los hijos, y de los rebeldes a la prudencia de los justos, para preparar al Señor un pueblo bien dispuesto.»
—LUCAS 1:16, 17

Juan era un profeta enviado en el espíritu y el poder de Elías para preparar el camino del Señor, precediendo la primera venida de Jesús. El significado de su mensaje y ministerio era hacer volver a Dios el corazón de los hijos de Israel. Al hacer esto, sus líderes ya no se servirían más a sí mismos sino al pueblo, y los desobedientes volverían a la sumisión a la Palabra y los caminos de Dios.

El mensaje de Juan puede resumirse en una declaración: «Arrepentíos, porque el reino de los cielos se ha acercado» (Mateo 3:2). *Arrepentirse* significa un cambio de mente y corazón, no una simple acción. Las acciones de los hijos de Israel con frecuencia eran espirituales o religiosas, mientras que sus corazones se alejaban de Dios. Miles asistían a la sinagoga todo el tiempo, sin darse cuenta de la verdadera condición de sus corazones. Confiaban en el hecho de que eran descendientes del pueblo del pacto con Dios. Estaban confiados de su salvación y creían que estaban en buena relación con Dios. ¡Pero estaban engañados!

En su misericordia, Dios levantó un profeta, Juan, para exponer la verdadera condición de sus corazones al proclamar la palabra del Señor. Juan se dirigía a las multitudes que iban a bautizarse, más o menos en estos términos: «¡Hijos de víboras! ¿Creen que bautizándose van a escapar de la ira venidera? ¡No! Primero vayan y demuestren en la práctica que se han arrepentido de veras. Y no crean que se van a salvar porque son descendientes de Abraham. Eso no basta. ¡Aun de estas piedras puede Dios hacerle descendientes a Abraham!» (Lucas 3:7, 8, BD).

Es interesante notar que este fue su mensaje a las multitudes que habían viajado horas por el abrasador desierto para escuchar su predicación y ser bautizados por él. Estos no eran ciudadanos satisfechos, quienes se burlaron de él y rechazaron las molestias de un viaje difícil a través del desierto para escucharlo. Juan no estaba interesado en ser popular. No aduló a los que habían ido a sus reuniones; él ardía de pasión por ser fiel para declarar lo que Dios le había dicho. Era un profeta en el verdadero sentido. Esto es muy diferente de lo que experimentamos en el ministerio hoy día.

La unción de Elías en la actualidad

Juan el Bautista cumplió las profecías de Elías (hay otras como las de Isaías 40:3, 4; Malaquías 3:1) precediendo a la primera venida de Jesús. Sin embargo, Malaquías profetizó que esa unción sería enviada precediendo al gran y terrible día del Señor, su segunda venida. Esto significa que hay dos clases diferentes de cumplimientos de la profecía. Jesús habló de esos dos cumplimientos a tres de sus discípulos.

Jesús llevó a Pedro, Jacobo y Juan a un monte alto. Allí se transfiguró delante de ellos. Su rostro resplandeció como el sol y sus vestiduras se hicieron blancas y radiantes. Moisés y Elías aparecieron y conversaron con Jesús. Mientras Él estaba hablando, una nube de luz los cubrió y Dios habló, diciendo: «Este es mi Hijo amado, en quien tengo complacencia; a él oíd.» El temor de Dios abrumó a los discípulos y cayeron sobre sus rostros. Cuando miraron, estaban solos con Jesús.

Ahora era muy claro para ellos que Jesús era el Mesías tan esperado. Sin embargo, esto los confundió. Ellos habían escuchado a los escribas enseñar, del libro de Malaquías, que Elías vendría antes de que el Señor lo hiciera. Le preguntaron a Jesús acerca de esto, y su respuesta fue:

«A la verdad, Elías viene primero, y restaurará todas las cosas. Mas os digo que Elías ya vino, y no le conocieron, sino que hicieron con él todo lo que quisieron; así también el Hijo del Hombre padecerá de ellos. Entonces los discípulos comprendieron que les había hablado de Juan el Bautista.»

—MATEO 17:11–13

Jesús habló de dos Elías separados. Primero del Elías que está viniendo (tiempo futuro). Esto podría no haber sido una referencia a Juan, ya que a esta altura había sido decapitado (Mateo 14:1–12). Luego Jesús habló del Elías que ya había venido (tiempo pasado), al cual, claramente, Él identificó como Juan el Bautista.

Precediendo al retorno de Jesús, Dios nuevamente levantará un profeta ungido. Sin embargo, esta vez el manto no descansará sobre un solo hombre, sino colectivamente sobre un grupo de profetas (Efesios 4:7–11; Apocalipsis 22:8, 9). Estos profetas Elías proclamarán un mensaje similar al de Juan el Bautista, porque él será el tipo y precursor de estos profetas de los últimos días. Ellos buscarán a las ovejas perdidas o engañadas en la Iglesia, así como también harán volver a aquellos que se han ido ofendidos.

Muchos de los engañados aun ahora asisten a la iglesia y sienten que están listos para el regreso de Jesús. Igual que las multitudes en los tiempos de Juan el Bautista, se conforman asistiendo a sus iglesias, con la habilidad de hablar en lenguas o la fluidez de otros dones. Se sienten seguros de que Dios está obligado a aceptarlos porque un día oraron la oración del pecador, aunque todavía no se han sometido al señorío de Jesús. Solo obedecen cuando es conveniente o no entra en conflicto con su agenda. Si la obediencia al Maestro interfiere con sus placeres, en forma despreocupada ignoran su liderazgo, clamando «la gracia de Dios». Pueden creer que están justificados, pero, ¿lo están? ¿Podrían ser la Iglesia tibia que Jesús confronta en Apocalipsis, quien encuentra la confianza en una falsa gracia? (Apocalipsis 3:14–22). Desafortunadamente, esta condición se propaga mucho más por los falsos profetas y maestros, quienes les dicen que están en la relación correcta con Dios.

Los mensajes tibios han producido una multitud de convertidos durante las últimas décadas. Pero hay muchos quienes verdaderamente aman y temen a Dios, aunque pueden haber crecido un poco débiles. Parecen ser la minoría y no pueden entender dónde está la verdadera palabra del Señor, que penetrará el corazón de la Iglesia y nuevamente la hará íntegra.

El mensaje de estos profetas Elías fortalecerán a aquellos que han perseverado en obediencia en una iglesia afligida. Sus palabras traerán nuevamente claridad a los propósitos de Dios para los tiempos finales de la Iglesia.

En el próximo capítulo examinaremos más de cerca el mensaje de un verdadero profeta, y por qué es tan desesperadamente necesitado hoy día.

«Decirle a la gente lo que quiere oír a expensas de lo que necesita oír, debilita a la Iglesia».

capítulo 4

El ministerio profético verdadero - II

En el capítulo anterior establecimos, a través de las Escrituras, que un profeta es un portavoz del Señor Jesús. También aprendimos acerca de la función de la profecía en los tiempos finales.

> *«He aquí, yo os envío al profeta Elías, antes que venga el día de Jehová, grande y terrible. Él hará volver el corazón...»*
>
> —MALAQUÍAS 4:5, 6

Juan el Bautista cumplió la profecía de Elías para sus tiempos y anunció el tipo de unción profética que vendría precediendo la segunda venida de Jesús. El propósito de Juan era despertar a «la oveja perdida» de la casa de Israel, para prepararlos para la primera venida de Jesús. No había sido enviado a los paganos. El ángel Gabriel describió el enfoque de su ministerio:

> *«Y hará que muchos de los hijos de Israel se conviertan al Señor Dios de ellos.»*
>
> —Lucas 1:16

Esto corresponde con la descripción de la profecía en Malaquías: hacer volver los corazones a los caminos y la sabiduría de Dios. Hay un hilo común que corre a través del mensaje en casi cada profeta en la Biblia. Representa el corazón del llamado de ellos. Su énfasis puede resumirse en: «¡Vuélvanse al Señor con todo su corazón!» Aunque dicho en diferentes tonos, lugares y niveles de intensidad, cada profeta ardía con la pasión de ver al pueblo de Dios restaurado para caminar en los caminos de Él. Examinemos un muestreo de sus palabras, las que confirman ese hilo común.

Moisés

> *«Y te convirtiereis a Jehová tu Dios, y obedeciereis a su voz conforme a todo lo que yo te mando hoy, tú y tus hijos, con todo tu corazón y con toda tu alma.»*
>
> —Deuteronomio 30:2

La misión completa de Moisés era llamar y liberar al pueblo de Dios de la esclavitud egipcia, para que pudieran experimentar la revelación de su Dios y servirle.

Samuel

> *«Habló Samuel a toda la casa de Israel, diciendo: Si de todo vuestro corazón os volvéis a Jehová, quitad los dioses ajenos y a Astarot de entre vosotros, y preparad vuestro corazón a Jehová, y sólo a él servid, y os librará de la mano de los filisteos.»*
>
> —1 Samuel 7:3

Isaías

«Vuélvete a mí, porque yo te redimí.»

—Isaías 44:22

Jeremías, antes de la cautividad

«Si te volvieres, oh Israel, dice Jehová, vuélvete a mí. Y si quitares de delante de mí tus abominaciones, y no anduvieres de acá para allá.»

—Jeremías 4:1

Después de la cautividad:

«Escudriñemos nuestros caminos, y busquemos, y volvámonos a Jehová.»

—Lamentaciones 3:40

Ezequiel

«A los israelitas les dirás de mi parte:
"Dejen ya de hacer lo malo, abandonen a sus ídolos y vuelvan a obedecerme"».

—Ezequiel 14:6

Oseas

«Venid y volvamos a Jehová.»

—Oseas 6:1

Joel

«Por eso pues, ahora, dice Jehová, convertíos a mí con todo vuestro corazón.»

—Joel 2:12

Amós

«Pero así dice Jehová a la casa de Israel:
Buscadme, y viviréis.»

—Amós 5:4

Zacarías

«Diles, pues: Así ha dicho Jehová de los ejércitos: Volveos a mí, dice Jehová de los ejércitos, y yo me volveré a vosotros, ha dicho Jehová de los ejércitos.»

—Zacarías 1:3

Malaquías

«Desde los días de vuestros padres os habéis apartado de mis leyes, y no las guardasteis. Volveos a mí, y yo me volveré a vosotros, ha dicho Jehová de los ejércitos.»

—Malaquías 3:7

Todos los otros profetas

«Jehová amonestó entonces a Israel y a Judá por medio de todos los profetas y de todos los videntes, diciendo: Volveos de vuestros malos caminos, y guardad mis mandamientos y mis ordenanzas, conforme a todas las leyes que yo prescribí a vuestros padres, y que os he enviado por medio de mis siervos los profetas.»

—2 Reyes 17:13

La idea clave de estos siervos era declarar el corazón de Dios a su pueblo punzando sus corazones para que ellos pudieran volver a Dios. Note que ese era el propósito *de todos sus profetas* enviados a Israel y Judá. Para cumplir esto tal vez hablaron de cosas por venir, o dieron alguna palabra personal a un individuo. Sin embargo, esto era un componente *menor* de su ministerio, lo cual ayudaba a realizar el *mayor*. Con mucha frecuencia somos engañados o llevados por mal camino por agrandar lo que Dios minimiza, mientras minimizamos lo que Dios magnifica.

Pareciera ser que el énfasis del ministerio profético actual está enfocado en lo «menor», el dar profecías personales y predicciones sobre el futuro. Hemos extraído nuestra definición de profeta de pasajes limitados y específicos, en lugar de dar un paso atrás para capturar el panorama total. Una perspectiva errónea de profeta ha dejado a la iglesia vulnerable al engaño. Lo falso o incompleto se convierte en algo más fácil de abrazar que lo real.

Mientras viajo por los Estados Unidos y el extranjero, mi corazón se aflige al escuchar a numerosos pastores y creyentes tratar a aquellos que están en el ministerio profético como adivinos. He tenido líderes preguntándome justo antes de que yo ministrara: «¿Está pensando darle alguna palabra a la gente después del servicio?» Por su tono, sé que están deseando que mi respuesta sea «sí». Aluden a que otros conferencistas «se han movido en la profecía», la gente lo disfrutó, y quieren que, de alguna forma, actué en forma similar. Ellos ofrecen tener casetes individuales para grabar «las palabras» para sus miembros.

Debajo de esta actitud hay una suposición de que yo puedo «prender» y «apagar» la unción profética, según me plazca. Citan pasajes de las Escrituras de que el espíritu de los profetas está sujeto a los profetas (1 Corintios 14:31). ¿Significa eso que los profetas ya no están sujetos al Espíritu Santo? El mensajero no determina lo que habla; él es solo un siervo o portavoz. Mi Biblia dice que el don de profecía opera «como él [el Espíritu] quiere» (1 Corintios 12:11).

Un pastor se quejó luego de que tuve los servicios de dos domingos seguidos: «No sé cuanta gente vendrá mañana, ya que usted no ha dado ninguna profecía personal.» ¿Se ha reducido al Espíritu Santo a un adivino, quien actúa para mantener a la multitud? Justamente había sucedido que en esos servicios Dios me había dicho que hiciera frente a la insubordinación. No era un mensaje cómodo de entregar o de soportar. El pastor sentía la tensión y el conflicto, y estaba incómodo. Él se sentía mucho más cómodo con el ministerio profético que daba palabras de ánimo a todo el mundo.

A los dos años del mensaje que Dios me había dicho que entregara sobre la insubordinación, uno de sus pastores asociados, quien era considerado profeta, dividió la iglesia y se fue con muchos otros miembros para comenzar «una nueva obra» cerca, en la misma ciudad. Este pastor asociado había recibido toda clase de palabras positivas de parte de «profetas» que habían visitado la iglesia, y de profetas en conferencias fuera de la iglesia. Pero él tenía un corazón como el de Absalón, el hijo de David que se rebeló contra él. Rompió la relación con su pastor, a quien criticaba abiertamente. Regresé a esa iglesia unos pocos años después y ministré al pastor, pero me apena decir que el daño ya había sido hecho.

Decirle a la gente lo que quiere oír, a expensas de lo que necesita oír, debilita a la iglesia. Esto lleva a que la gente busque los dones y las manifestaciones, siendo negligentes en su búsqueda del carácter de Dios.

El ministerio profético que Dios está levantando en estos últimos días será como el de Juan el Bautista. Sus ministerios anunciarán los mismos llamados y advertencias que él. Estos profetas exigirán cambios; su misión principal será volver los corazones del pueblo de Dios nuevamente a su Padre. El mensaje estará acompañado de una fuerte convicción. Con frecuencia las palabras no parecerán «agradables». Su predicación golpeará las áreas endurecidas de nuestros corazones como un martillo rompiendo una roca. Mandarán, reprenderán, corregirán y exhortarán con toda autoridad, pero todo eso fluirá de un corazón lleno de amor por Dios y por su pueblo.

Sus palabras cortarán directamente al corazón, actuando como una espada que penetra a través del alma, para que los motivos del corazón puedan ser revelados. Aquellos que posean corazones llenos de ganancias y codicia arremeterán contra sus palabras. Aquellos que aman la verdad encontrarán sus corazones ardiendo con la misma pasión.

Estos profetas no buscaran las alabanzas o recompensas de los hombres. Solo desearán manejar fielmente la verdad que hace libres a los hombres. No serán comprados porque ya conocen al que los recompensa. El poder, la popularidad o el dinero no influenciarán en sus palabras.

Ellos son los profetas Elías, quienes hablarán con oráculos de Dios. Ardiendo con fuego santo, sus palabras actuarán como hábiles misiles dirigidos, que tienen como blanco el corazón de los hombres. Sus estilos e intensidades pueden diferir, pero seguirán las mismas órdenes.

He estado sentado bajo tales ministerios; algunos proclamando en alta voz mientras que otros hablaban en tonos suaves. Algunos me hicieron reír, aunque estaba constantemente consciente de la convicción que me mantenía fijo a mi asiento. Con frecuencia temblé, pero todo el tiempo mi corazón anhelaba a Jesús. El común denominador era que sus palabras eran como flechas que daban en el blanco, mi corazón. Luego del servicio no podía esperar hasta estar a solas y buscar al Señor del mensaje. Había escuchado un llamado a la santidad en una nueva y fresca forma.

«Así dice el Señor...»

Equivocadamente, hemos limitado al profeta a uno que da profecías, palabras de ciencia y sabiduría, empaquetados a la forma en que los círculos carismáticos acostumbran a oírlos. Por el contrario, es muy posible que un profeta entre a un servicio y nunca diga un «Así dice el Señor...» y, aun así, todo su mensaje sea con palabras proféticas de ciencia y conocimiento. Con frecuencia no discernimos lo suficiente para reconocer la profecía si no nos es entregada con unos pocos «Así dice el Señor» o rimas asociadas. Dependemos de declaraciones como: «Escuché al Señor diciendo...», o «El Espíritu de Dios dice...» para estar seguros de que es Él quien habla.

Sin embargo, no hay ningún registro de Juan el Bautista, diciendo: «Así dijo el Señor...», y parece que se olvidó de dar profecías de ánimo personal junto con sus discursos públicos. También fue negligente en familiarizarse con el estilo para hablar en público de los fariseos. Él dio palabras proféticas a dos grupos: a los recolectores de impuestos: «No exijáis más de lo que os está ordenado», y a los soldados: «No hagáis extorsión a nadie, ni calumniéis; y contentaos con vuestro salario.» ¡Qué clamor tan diferente al actual! En nuestras reuniones escuchamos palabras como: «Así dijo el Señor: estoy trayéndote un esposo, y él tendrá dinero en una mano y ministerio en la otra.» O: «Dios no quiere que trabajes... ¡Él va a tener gente que dé dinero para ti!» No, estas no son ilustraciones ficticias. Son palabras reales dadas en reuniones a individuos que yo conozco personalmente.

Estas palabras pueden haber sido atractivas a los individuos, pero, ¿son escriturales? ¿Fortalecen su caminar con Dios? ¿O hace, que vuelvan su enfoque sobre ellos mismos?

Juan el Bautista no dio ninguna profecía personal agradable que tuviera a modo de prólogo: «Así dijo el Señor... » De hecho, bajo las definiciones actuales, la iglesia hubiera tenido un tiempo difícil ubicando a Juan en un oficio ministerial. (Los fariseos acostumbraban a poner a la gente en categorías.) Posiblemente podría haber pasado como un evangelista, pero nunca como un profeta. Al limitar el oficio profético a lo que típicamente experimentamos en la iglesia actual o a la función menor de predecir eventos futuros o dar palabras personales, fácilmente nos perderemos lo que Dios traerá a través de sus profetas Elías.

¿Profeta del Antiguo o del Nuevo Testamento?

Están aquellos que pueden decir: «Juan el Bautista era un profeta del Antiguo Testamento. Su ministerio no se aplica a nosotros actualmente.» Si ese es el caso, entonces, ¿por qué Dios no agregó el libro cuarenta en el Antiguo Testamento y lo llamó «Juan el Bautista»? Observe lo que el Evangelio de Marcos tiene para decir:

> «*Principio del evangelio de Jesucristo, Hijo de Dios. Como está escrito en Isaías el profeta: He aquí yo envío mi mensajero... *»
>
> —MARCOS 1:1, 2

El mensajero era Juan el Bautista. Su ministerio está claramente definido como el comienzo del evangelio de Jesús. Se lo encuentra en los cuatro Evangelios. Más adelante Jesús lo deja absolutamente claro, al decir: «La ley y los profetas eran hasta Juan» (Lucas 16:16).

Note que Jesús no dijo: «La ley y los profetas eran hasta mí.» Nuevamente, en Mateo 11:12, 13, Jesús dice: «Desde los días de Juan el Bautista hasta ahora, el reino de los cielos sufre violencia, y los violentos lo arrebatan. Porque todos los profetas y la ley profetizaron hasta Juan.» Fíjese que Jesús da referencia a que el lugar de comienzo del Reino de los Cielos se relaciona con el ministerio de Juan.

Usted puede preguntar: ¿Cómo escribe usted que el ministerio profético de los últimos días tendrá como patrón al de Juan el Bautista? Yo pensaba que la profecía del Nuevo Testamento era para «edificación, exhortación y consolación» (1 Corintios 14:3, 4).

En respuesta, retornemos a las Escrituras y veamos lo que dice Dios acerca de la profecía de Juan.

En el Evangelio de Lucas encontramos el mayor detalle de la profecía de Juan. Él se dirigió a las multitudes que habían ido para escuchar y ser bautizados, como: «¡Hijos de víboras! ¿Creen que bautizándose van a escapar de la ira venidera?» (Lucas 3:7, BD). Entonces les advirtió que si no daban frutos dignos de arrepentimiento serían cortados y echados al fuego. Por eso dijo que Jesús estaba viniendo con su aventador en su mano, y que limpiaría su era, la cual representa a la casa de Israel (Lucas 3:17). ¿Llamaría usted edificantes a estas palabras proféticas? ¿Exhortan o traen consuelo? La mayoría respondería: «¡De ninguna manera!» Pero mire como Dios las juzga:

> *«Con estas y muchas otras exhortaciones anunciaba las buenas nuevas al pueblo.»*
> —Lucas 3:18

Dios categoriza las profecías o predicaciones de Juan como exhortaciones. Esto no es lo que hoy día llamaríamos predicación exhortativa. Isaías también describe las profecías de Juan, pero

no las llama exhortativas; en lugar de eso se refiere a ellas como
¡consolación! Él escribió:

«*Consolaos, consolaos, pueblo mío, dice vuestro Dios.*
Hablad al corazón de Jerusalén, decidle a voces... Voz
que clama en el desierto: Preparad camino a Jehová;
enderezad calzada en la soledad a nuestro Dios.»
—Isaías 40:1–3

¿Piensa que es posible que hayamos tenido un concepto
deformado de edificación, exhortación y consolación? Si necesita
más confirmación, ¡mire el mensaje profético de Jesús a las siete
iglesias en Apocalipsis 2 y 3! Él le advirtió a una iglesia que si no
se arrepentía la vomitaría de su boca (Apocalipsis 3:16). ¿Cuántos
considerarían esta profecía como consolación?

Él describe otra iglesia: «Yo conozco tus obras, que tienes
nombre de que vives, y estás muerto» (Apocalipsis 3:1). ¿Cuántos
encontrarían edificantes estas palabras? Él continua diciendo:
«Porque no he hallado tus obras perfectas delante de Dios... Pues
si no velas, vendré sobre ti como ladrón» (Apocalipsis 3:2, 3).
¿Concuerdan las palabras de Jesús con nuestra perspectiva actual
del ministerio profético?

A otra iglesia le dijo: «Recuerda, por tanto, de dónde has
caído, y arrepiéntete, y haz las primeras obras; pues si no, vendré
pronto a ti, y quitaré tu candelero de su lugar, si no te hubieres
arrepentido» (Apocalipsis 2:5). El candelero representa a la iglesia.
Quitarlo de su lugar significa removerlo de su presencia. Si ellos
no se arrepentían, podrían seguir teniendo sus servicios, reuniones
de oración, conferencias proféticas, y mucho más, pero su santa
presencia se habría ido.

Luego de haber alabado otras dos iglesias por sus servicios,
rápidamente advierte a una: «Pero tengo unas pocas cosas contra
ti» (Apocalipsis 2:14), luego procede a corregirlos. A la otra
iglesia también le dice: «Pero tengo unas pocas cosas contra ti»
(Apocalipsis 2:20) y los corrige.

Estas son cinco de las siete profecías dadas a siete iglesias. Estos mensajes no eran solo históricos sino que tienen aplicación a la Iglesia antes de la venida del Señor Jesucristo. Muy poco de lo que sucede en nuestras conferencias proféticas, reuniones o servicios actualmente se correlaciona con los patrones de profecía de Jesús o de Juan el Bautista. ¿Podría ser que seguimos otro modelo? ¿Hemos llegado a ser como los profetas en los días de Jeremías y Ezequiel, que profetizaban paz y prosperidad, mientras Dios procuraba llamar a su pueblo a que se volvieran hacia su corazón?

*«La verdadera palabra profética de Dios
nos edificará y fortalecerá para permanecer
contra las tormentas de la vida. La profecía
o enseñanza falsa también edificará vidas,
pero lo hará sobre una base insegura».*

capítulo 5

Corrupción profética

Hace UNOS pocos años atrás, mientras preguntaba: «Señor, ¿cuál es tu palabra para la iglesia? Inmediatamente escuché al Espíritu Santo decir: «Jeremías 23:11.» No estaba muy seguro del contenido de ese pasaje, así que lo busqué:

> *«Porque tanto el profeta como el sacerdote son impíos; aun en mi casa hallé su maldad, dice Jehová.»*

Estaba confundido mientras meditaba esto durante un momento, pero debo admitir, con algo de vergüenza, que no fui más allá con mis preguntas al Señor sobre su mensaje específico en este versículo. Como no lo entendía, pensé que tal vez no lo había escuchado de Dios. Así que lo dejé y seguí con otros temas que inmediatamente me llevaron a la oración.

Aproximadamente un mes después, nuevamente, mientras estaba en oración, le pregunté lo mismo al Señor. Nuevamente escuché: «Jeremías 23:11». Aunque no había olvidado lo sucedido un mes antes, no reconocí la cita bíblica. Cuando nuevamente fui al pasaje, estaba sorprendido de ver que era el mismo que me había dado un mes antes. Como era la segunda vez, presté más atención. Leí el capítulo entero y estudié algunas de las palabras hebreas de ese versículo en particular, pero nuevamente fallé en buscar diligentemente el consejo del Señor en esto. No esperé para encontrar exactamente cuál era su mensaje.

Las semanas pasaron, y nuevamente, mientras estaba en oración, escuché al Espíritu del Señor decir: «Lee Jeremías 23:11.» Esta vez reconocí la referencia. Pensé, mientras lo buscaba: *Creo que es el mismo versículo*. Temblé mientras leía las palabras. Desde ese momento en adelante comencé a buscar a Dios diligentemente para saber qué quería comunicarnos a través de sus palabras proféticas.

Profetas y sacerdotes impíos

Me di cuenta de que todo el capítulo 23 de Jeremías trata del ministerio profético falso. Aunque Jeremías estaba dirigiéndose a Israel, sus palabras tienen una advertencia profética también para nuestros días. Esto fue confirmado por sus palabras: «Al final de los tiempos lo comprenderán con claridad» (Jeremías 23:20, NVI). Igual que lo vimos con las profecías de Elías, este es otro ejemplo de un pasaje que tiene más de un cumplimiento.

Jeremías comenzó su mensaje con: «A causa de los profetas mi corazón está quebrantado dentro de mí...» (v. 9). Los profetas a los que se refería no eran aquellos de los falsos dioses o ídolos. No, estos eran los profetas de Israel, los mismos que hablaban en el nombre de Jehová. Eran bien conocidos y aceptados entre la asamblea de creyentes. Aun así Dios se lamentó: «Aun en mi casa hallé su maldad» (v. 11). Esto provocó que el corazón de Jeremías se quebrara.

¿Es diferente en la actualidad? No, los que tienen entendimiento de la verdadera profecía pueden relacionarse fácilmente con su aflicción. No son los falsos profetas y adivinos que leen las manos, tiran las cartas del Tarot, o hablan según los astros, los que afligen profundamente a los que están hambrientos por ver a Dios glorificado. En cambio, son los que ministran en el nombre de Jesús en nuestras iglesias y conferencias los que quiebran el corazón de los justos. Ellos están afligidos porque, aunque el ministerio es hecho en el nombre de Él, no lo es por su Espíritu.

Debemos preguntar: «¿Qué vio Jeremías que lo afligió tan profundamente?» La respuesta se encuentra en el pasaje de las Escrituras que el Señor me señaló repetidamente: «Porque tanto el profeta como el sacerdote son impíos.»

Para entenderlo, debemos ver el lenguaje original y así comprender con mayor claridad el significado de *impío*. Es la palabra hebrea *chaneph*, y es definida como: «impiedad, profano, contaminado o corrupto.» Aparece catorce veces en el Antiguo Testamento y solo una vez es traducida como «impío». Con mayor frecuencia es traducida como «contaminado» o «corrupción». Estas dos palabras describen mejor su significado.

Contaminar o corromper algo es hacer, de lo que una vez fue puro, una mezcla enferma. Como ejemplo, 20 litros de agua pura son buenos para tomar, cocinar o bañarse. Pero si le agrega 1 litro de ácido clorhídrico, se convierte en inservible. Aunque la mayoría del líquido —el 95%— todavía es agua, no existe ni un vaso de la mezcla que sirva para ser consumida. La pequeña cantidad de ácido corrompió toda el agua. Los veinte litros de agua originales se han convertido en mortales para beber, tóxicos para cocinar y dañinos para bañarse en ellos. Es importante notar seriamente que el ácido no se puede detectar a la vista, por lo que la mezcla todavía parece ser agua pura.

Jeremías dijo: «Los profetas corren tras la maldad, y usan su poder para la injusticia» (v. 10, NVI). El poder o dones que Dios les había dado estaba contaminado. Nuevamente, ¡con frecuencia es difícil discernir la impureza de su don! También le fue dicho al profeta Ezequiel que hablara en contra de muchos de los profetas del Señor. Sus palabras ayudan a clarificar la declaración de Jeremías:

> *«Vino a mí palabra de Jehová, diciendo:*
> *Hijo de hombre, profetiza contra los profetas de Israel*
> *que profetizan...»*
> —EZEQUIEL 13:1, 2

El mensaje de Dios a través de Ezequiel era para los profetas de Israel, no para los de Baal o alguna otra adoración ocultista. Estos profetas profetizaban en el nombre del Señor. En la corriente profética actual se están dando muchas profecías. Estas palabras frecuentes cubren una amplia cantidad de temas. Pero, ¿es todo esto verdaderamente inspirado por Dios? Encontramos que había una mezcla en los días de Ezequiel y de Jeremías:

> *«...Y di a los que profetizan de su propio corazón:*
> *Oíd palabra de Jehová.»*
> —EZEQUIEL 13:2

Dios explica que esos profetas profetizaban de su propio corazón. En mi Biblia *New King James* la palabra *corazón* tiene una referencia marcada en ella. La nota correspondiente en la columna central explica que la palabra también puede ser traducida como *inspiración*. La *Biblia de las Américas* transmite el pasaje de esta forma: «Y di a los que profetizan por su propia *inspiración*: "Escuchad la palabra del Señor"» (itálicas añadidas). Entonces note que ellos estaban profetizando por inspiración, pero de la suya propia. No era la inspiración del Señor.

Los peligros de la profecía contaminada

Este es solo uno de muchos ejemplos que podría darle, pero ilustra intensamente este principio. Sucedió unos pocos años atrás, un domingo a la mañana durante la primera de una serie de reuniones en una iglesia en la Costa Oeste.

Era la primera vez que estaba en esa ciudad. Solo había hablado dos veces, en forma breve, con el pastor; una vez por teléfono y la otra cuando me recogió del aeropuerto. Me he puesto la regla de no hablar asuntos de la iglesia antes de ministrar. Lo hago para protegerme de no ser influenciado incorrectamente de una u otra forma. Esto hace que sea más fácil permanecer sensitivo al Espíritu de Dios. Lo hice también con este pastor y con su pastor asociado.

Mientras me preparaba para el primer servicio planeé hablar sobre la línea de predicaciones que normalmente doy los domingos por la mañana. Generalmente llamo la atención a los perdidos en la iglesia—aquellos que confiesan ser creyentes pero todavía viven para ellos mismos. Pero esa mañana, durante la adoración, sentí una inquietud en mi espíritu. Sentí algo fuera de lugar en el clima espiritual de la iglesia. Lo reconocí como un enfrentamiento del ministerio profético falso o la adivinación que ha influenciado sobre una iglesia. Sentí que algo había sido liberado contra esa iglesia.

Repetidamente escuché al Señor decir: «Ocúpate del error.»

Pedí dirección: «¿Por dónde comienzo?»

Escuché al Señor decir: «Comienza leyendo Ezequiel 13.»

Luego de ser presentado, inmediatamente pedí a la congregación que buscaran Ezequiel 13, y comencé a predicar sobre ese capítulo. Planteé el falso ministerio profético que está extendiéndose en forma desenfrenada a través de la Iglesia en la actualidad. Compartí cómo esos profetas están hablando bajo inspiración, pero no la del Espíritu Santo. Mientras predicaba, tome consciencia de que una fortaleza en el pensamiento de ellos estaba siendo confrontada. También noté que el liderazgo estaba escuchando atentamente.

Después del servicio fui a almorzar con el pastor y su esposa. Tan pronto como estuvimos solos, el pastor compartió:

—Necesitábamos mucho esto. No se imagina cuán en el blanco dio esta mañana.

Le respondí:

—Cuénteme. No estoy acostumbrado a esta línea de predicación en un servicio del domingo por la mañana.

Él contó en gran detalle:

—Tuvimos un profeta que vino a ministrar a nuestra iglesia, y el fruto fue devastador. Déjeme contarle de una situación que se dio con una pareja de nuestra iglesia.

Continuó compartiendo la trágica historia de una pareja cuyo mayor deseo era trabajar para un reconocido evangelista internacional en la Costa Este. El deseo era más fuerte en la esposa. En cualquier ocasión en que el evangelista estaba en algún lugar cercano, ambos asistían a todas las reuniones que podían, deseando quedar «ligados» a él.

El pastor había invitado a un profeta a ministrar a la congregación. Este hombre nunca antes había estado en esa iglesia y desconocía cualquier situación personal o deseo dentro de la congregación.

Durante el transcurso del servicio, él escogió a esta pareja mientras les daba una «palabra de Dios». Su mensaje fue algo como esto: «Así dice el Señor: "Te he llamado al ministerio de sanidad. Voy a sacarte de esta iglesia y enviarte a la Costa Este. Allí servirás y tendrás como mentor a (en este punto dio el nombre del evangelista con el que ellos deseaban trabajar). Él se brindará a ustedes, y es allí cuando yo te proveeré para el ministerio de sanidad y pondré su manto sobre ti. Entonces, luego de un tiempo, él te catapultará y yo te traeré nuevamente a esta parte del país, donde establecerás un poderoso ministerio de sanidad".»

El pastor dijo:

—John, esta pareja estaba llorando de gozo y asombro. Aquellos en nuestra congregación que conocían el deseo de ellos de trabajar para este evangelista lloraron junto a ellos y se quedaron asombrados por la exactitud de sus palabras. Casi todos en nuestra iglesia estaban emocionados, excepto mi esposa y yo. Sabíamos que algo estaba mal.

¿Por qué? Porque el pastor y su esposa conocían bien a esta pareja. Se habían sentado con ellos a través de varias sesiones de consejería matrimonial. También estaban preocupados porque esta pareja estaba demasiado enamorada del ministerio. No estaban tan atraídos por ministrar a la gente como lo estaban por toda la atención pública y publicidad que veían venir con esto.

El pastor compartió cómo esta pareja comenzó a buscar activamente una posición con este ministerio. Finalmente, el esposo renunció a su trabajo y se fueron para la Costa Este. Se encontraron con una persona que era un colaborador estrecho del evangelista y compartieron lo que Dios había puesto en sus corazones y su deseo de servir al ministerio en cualquier cosa que fuera necesaria.

El asistente les agradeció, pero no les ofreció ninguna posición. Así que ellos esperaron hasta que alguna puerta se abriera. Luego de un período de tiempo y luego de una gran desilusión, la pareja retornó a casa. No había sucedido nada. Habían gastado buena parte de una herencia que habían recibido intentando que les alcanzara para su presupuesto, y finalmente perdieron su casa.

El pastor me miró y me dijo:

—¿Quieres saber lo que yo creo que sucedió?

—¡Si! —respondí.

Él dijo:

—Creo que ese hombre vino y leyó los deseos de sus corazones, y los dijo con la etiqueta de «Así dice el Señor…» Pero eso no era para nada lo que Dios estaba diciendo.

Estuve de acuerdo con él y dije:

—He visto con frecuencia suceder esto en la iglesia, y es exactamente de lo que estaba hablando esta mañana.

Recientemente el pastor me informó que esa pareja ahora está divorciada. La esposa vive en la Costa Este y trabaja en alguna clase de ministerio —para nada conectado con el evangelista— mientras que el devastado esposo vive en la Costa Oeste.

Las palabras dichas a esta pareja fueron dadas como si fueran las palabras del Señor para ellos, pero no lo eran. El mensaje de Dios habría sido completamente diferente. Pudiera haber traído la verdad sanadora que necesitaban escuchar, no meramente un reflejo de sus propios deseos. Dios continua a través de Ezequiel:

> «...pues que decís: Dijo Jehová, no habiendo yo hablado.»
> —EZEQUIEL 13:7

Decir: «El Señor dice» cuando Dios no ha hablado, es una falta descarada del temor de Dios. Viola el tercer mandamiento:

> «No tomarás el nombre de Jehová tu Dios en vano; porque no dará por inocente Jehová al que tomare su nombre en vano.»
> —ÉXODO 20:7

Dios reprende a éstos profetas impíos a través de Jeremías:

> «Yo no les hablé, mas ellos profetizaban.»
> —JEREMÍAS 23:21

Discernimiento (El don de profecía)

La historia de esta pareja es uno de los numerosos incidentes con los que me he encontrado o escuchado; estoy seguro que usted puede agregar los suyos. Ahora debemos preguntarnos: ¿Cómo pudo este ministro ser tan exacto con esta pareja, y a la vez estar tan equivocado? La respuesta no es tan complicada como algunos podrían pensar. Primero, comprenda de que somos seres espirituales, y que podemos desarrollar la habilidad de percibir las almas de otros y leerlas. Esta habilidad es una forma de discernimiento. Si hay un llamado al ministerio profético en nuestras vidas, entonces la habilidad de discernir el corazón de la gente será aun más fuerte.

Pablo dijo cómo el don puro de profecía discierne la vida de los hombres. Él dijo que si estamos profetizando y alguien entra a la reunión, y su corazón no está bien con Dios, «se convencerá de que es pecador». Luego dice: «Mientras escucha, sus más íntimos pensamientos saldrán a la luz y se postrará de rodillas a adorar a Dios y sabrá que Dios de veras está entre ustedes» (1 Corintios 14:24, 25, BD). El don profético trae con él la habilidad de sacar a la luz los pensamientos del hombre.

Esto no quiere decir que el discernimiento solo ve al pecado. También reconocerá las características piadosas en la vida de las personas. Felipe trajo a Jesús un hombre llamado Natanael. Mientras se acercaban, Jesús dijo: «Ahí está un hombre íntegro, un verdadero israelita.» Esto sorprendió a Natanael, por lo que preguntó: «¿En qué te basas para afirmarlo?» Jesús respondió: «Te vi debajo de la higuera antes que Felipe te encontrara.» (Juan 1:45–48, BD). Jesús no se estaba refiriendo simplemente a haber visto a Natanael físicamente debajo del árbol. Sino que fue allí cuando Él entrevió su corazón y su alma a través del discernimiento.

Pablo dice: «En cambio el espiritual juzga todas las cosas» (1 Corintios 2:15). La palabra griega para juzgar es *anakrino*. El *Diccionario Strong*, de palabras griegas, la define como: «escudriñar, investigar, interrogar, determinar.» Dicho en forma simple, *anakrino* significa: «Examinar de cerca.» Nosotros entendemos esto en términos de las cosas naturales. Pero Pablo no se está refiriendo a un examen intelectual. Él dice: «de aquí en adelante a nadie conocemos según la carne» (2 Corintios 5:16). Somos amonestados a desarrollar nuestros sentidos espirituales. La Biblia define como personas desarrolladas espiritualmente a aquellas que: «Por el uso tienen los sentidos ejercitados en el discernimiento del bien y del mal» (Hebreos 5:14). Jesús era tan fuerte en su habilidad de discernir los pensamientos e intentos de otros que no se fiaba de la gente: «Porque conocía a todos, y no tenía necesidad de que nadie le diese testimonio del hombre, pues él sabía lo que había en el hombre» (Juan 2:24, 25).

Este don profético o de discernimiento puede contaminarse de forma fácil. Entonces el don aun funciona, pero es una mezcla. Ahora, en lugar de representar al corazón de Dios ante el pueblo y llamarlos nuevamente a los caminos de Él, la persona con los dones lee sus almas por el discernimiento, y les dice a las personas lo que ellos quieren oír. ¿Por qué los ministros funcionan en esta forma? La respuesta es sencilla: quieren la aprobación o recompensa del hombre. Desean algo de parte de aquellos a los que ministran o están sentados como testigos. Esto podría significar una generosa ofrenda, aceptación, influencia o la validez de su ministerio. Como resultado, hay una agenda escondida. Los ministros hasta pueden no darse cuenta de que sus motivos son carnales. Veremos esto en más detalle en el capítulo 13.

Si el hombre que ministró a la pareja en la Costa Oeste en realidad hubiera escuchado la voz de Dios, su mensaje hubiera traspasado el velo del alma de los deseos de esta pareja y habría visto los obstáculos en su corazón. Ni hubiera sido necesario que él los llamara públicamente (lo cual, con frecuencia alimenta el deseo de atención personal) y dijera como prefacio a sus palabras «Así dice el Señor...». La predicación profética de la palabra de Dios hubiera traspasado su capricho con el ministerio y plantado una semilla de verdad que, si era aceptada, podría haber sanado su matrimonio. Sin embargo, no solo aceptaron sino también actuaron en función de las emocionantes palabras que les fueron dadas; esto finalmente los llevó a la destrucción y el divorcio. La palabra verdadera de Dios saca a la luz las motivaciones y nos convence de ambición egoísta, contienda y envidia en nuestras vidas, lo cual finalmente traerá la sanidad. Dios se lamentó a través de Jeremías:

«...Yo no les hablé, mas ellos profetizaban. Pero si ellos hubieran estado en mi secreto, habrían hecho oír mis palabras a mi pueblo, y lo habrían hecho volver de su mal camino, y de la maldad de sus obras.»

—JEREMÍAS 23:21, 22

Descubriendo el verdadero fundamento

Esta pareja puede haber *querido* escuchar una palabra acerca del ministerio, pero ellos necesitaban escuchar la palabra de Dios proclamada. «Porque la palabra de Dios es viva y eficaz, y más cortante que toda espada de dos filos; y penetra hasta partir el alma y el espíritu, las coyunturas y los tuétanos, y discierne los pensamientos y las intenciones del corazón. Y no hay cosa creada que no sea manifiesta en su presencia; antes bien todas las cosas están desnudas y abiertas a los ojos de aquel a quien tenemos que dar cuenta» (Hebreos 4:12, 13).

Jesús es la palabra viva de Dios, y nada esta escondido de su vista (Apocalipsis 19:12, 13). Este matrimonio estaba emocionado acerca del ministerio. Viajaron para escuchar a grandes ministros y ser voluntarios en el servicio. Por todas las apariencias externas parecían estar ardiendo por Dios. Solo sus pastores conocían en forma diferente, que bajo la superficie había contienda y egoísmo. En la superficie poseían ardor por el ministerio, sin embargo los motivos o fundamentos de su corazón estaban escondidos de los ojos de los hombres, pero no lo estaban de la palabra viva de Dios.

La verdadera profecía es cuando Jesús habla. Es afilada como espada de dos filos. El primer filo corta y separa lo santo de lo impío. Simeón habló esta clase de palabras a María y José, cuando llevaron al templo al bebé Jesús al octavo día. Él confirmó la palabra viva de Dios que sostenía en sus brazos con estas palabras: «Y una espada traspasará tu misma alma.» ¿Por qué razón podría la espada pasar no solo a través de sus almas sino también la de todos con los que su hijo Jesús tuviera contacto? Es «para que sean revelados los pensamientos de muchos corazones»

(Lucas 2:35). Los pensamientos del corazón no son revelados para avergonzarnos sino para librarnos de los obstáculos que debilitan nuestra obediencia a Dios.

El segundo filo de la espada trae sanidad y fortaleza para protegernos contra los dardos del enemigo. En el libro de Apocalipsis, mientras examina el mensaje profético que Jesús dio a las iglesias en Asia, notará que cada vez que Él da una palabra de corrección, luego continua con palabras con las cuales sus lugares en el Cuerpo de Cristo pueden ser reconstruidos. Esto trae la sanidad necesaria que en verdad nos edifica en justicia.

El llamado de Dios a Jeremías ejemplifica el llamado de un profeta:

> «Y extendió Jehová su mano y tocó mi boca, y me dijo Jehová: He aquí he puesto mis palabras en tu boca. Mira que te he puesto en este día sobre naciones y sobre reinos, para arrancar y para destruir, para arruinar y para derribar, para edificar y para plantar.»
> —JEREMÍAS 1:9, 10

Primero, la espada pasa para arrancar, destruir, arruinar y derribar. Pero como consecuencia de la destrucción de las mentiras, Dios intenta construir y plantar. Él destruye en anticipación a construir de nuevo. Antes de que usted pueda construir una casa, debe limpiar el terreno. Antes de plantar un campo, la tierra sin cultivar debe ser arada. El segundo filo de su espada profética prepara el fundamento apropiado. Pablo dijo a los efesios: «Y ahora, hermanos, os encomiendo a Dios, y a la palabra de su gracia, que tiene poder para sobreedificaros» (Hechos 20:32). Este pasaje, con frecuencia, compara nuestras vidas con el proceso de construcción. Pablo dice: «Vosotros sois labranza de Dios.» Luego advierte: «Pero cada uno mire cómo sobreedifica» (1 Corintios 3:9, 10). La verdadera palabra profética de Dios nos edificará y fortalecerá para permanecer firmes contra las tormentas de la vida (Mateo 7:24–27).

La enseñanza o profecía falsa también edifica vidas, pero las edifica con un fundamento inseguro. Fortalece áreas que nos debilitarán más tarde. Apela a la carne y al orgullo del hombre porque recompensa la codicia o los deseos de nuestra naturaleza carnal. Pone a las vidas sobre un fundamento sin preparar o inestable, y luego construye un edificio con los materiales equivocados; es decir, las búsquedas equivocadas. En lugar de una espada que penetra y corta, y luego sana y fortalece, estas palabras satisfacen los motivos equivocados de los corazones de la gente. Dios acusa a los falsos profetas:

> *«Sí, por cuanto engañaron a mi pueblo, diciendo:*
> *Paz, no habiendo paz; y uno edificaba la pared, y he*
> *aquí que los otros la recubrían con lodo suelto...»*
> —EZEQUIEL 13:10

Jesús dijo: «No penséis que he venido para traer paz a la tierra; no he venido para traer paz, sino espada» (Mateo 10:34). Los profetas en los días de Ezequiel prometieron la misma paz e incredulidad que persiguen los incrédulos. Sus palabras no confrontaban a las audiencias con justicia sino que las arrullaban en un sopor de falso deseo y comodidad. Pero esta comodidad es solo temporal, por eso Jesús prometió que su espada separaría la carne del espíritu. Esto nos hace saludables y completos desde una perspectiva eterna.

Dios advirtió que recibir estas palabras placenteras y seductivas era comparable a construir paredes con lodo suelto; algo de baja calidad y sin poder para fijarse; no puede resistir la prueba. Esta clase de palabras no le dan a la gente la fortaleza que necesitan para soportar las tormentas de la vida.

La Biblia declara que: «Probada es toda palabra de Dios» (Proverbios 30:5). La palabra de Dios ya ha pasado la prueba. Suple la verdadera fortaleza frente a la adversidad o la corrupción. Nos equipa para las pruebas y tribulaciones por venir. Nos permite pelear una buena batalla en nuestras luchas contra el pecado y la depravación. Pablo amonesta a Timoteo:

> *«Este mandamiento, hijo Timoteo, te encargo, para que conforme a las profecías que se hicieron antes en cuanto a ti, milites por ellas la buena milicia, manteniendo la fe y la buena conciencia, desechando la cual naufragaron en cuanto a la fe algunos.»*
> —1 TIMOTEO 1:18, 19

La guerra no es la batalla por tu nueva casa o automóvil prometido en una palabra profética. No es la pelea por ver cumplido cualquier otro deseo egoísta. No; es la lucha para mantener la fe y la buena conciencia hacia Dios y el hombre. Es la lucha por ver el avance del Reino. La profecía debe dirigir nuestros corazones hacia Dios y sus caminos, no alimentar nuestros deseos carnales y hacernos sentir bien.

A esta pareja le fue prometido un gran ministerio juntos. Esas palabras los animaron en su condición presente. Pero el fruto de eso los arrancó de estar bajo la verdadera autoridad de Dios en su iglesia local, la cual podría haberlos protegido. Sufrieron una gran pérdida financiera, perdieron su casa, y lo peor de todo perdieron su matrimonio. ¡Qué trágico! Dios nos amonesta a través de Ezequiel:

> *«Di a los recubridores con lodo suelto, que caerá; vendrá lluvia torrencial, y enviaré piedras de granizo que la hagan caer, y viento tempestuoso la romperá. Y he aquí cuando la pared haya caído, ¿no os dirán: ¿Dónde está la embarradura conque la recubristeis?»*
> —EZEQUIEL 13:11, 12

Un encuentro con una genuina palabra del Señor le da al recipiente la oportunidad de escuchar y abrazar la verdad. Esta es la verdadera edificación, exhortación y consolación que construye la fortaleza perdurable. Las tormentas de la vida y las pruebas del tiempo revelarán la calidad de construcción en la vida de cada creyente. Dios dice que después de la tormenta las paredes de la vida de una persona construidas con «barro suelto» se irán, «y será descubierto su cimiento» (Ezequiel 13:14).

Con mucha frecuencia he visto hombres y mujeres como este matrimonio. Tienen pasión por el ministerio o las bendiciones de Dios. Aman sentarse bajo la profecía o predicación que alimenta sus ilusiones. Pero la tormenta revelará que su fundamento es defectuoso. Han construido sus vidas sobre falsedades. Han edificado sobre palabras débiles y sin probar. Lo que nuestra nación necesita es que la palabra profética de Dios traspase y revele los verdaderos motivos del corazón de los hombres. Al descubrir lo escondido podemos, entonces, ser fortalecidos por la verdadera y probada palabra de Dios.

«Para familiarizarnos con la profecía personal auténtica, debemos retornar a las Escrituras para una mejor comprensión».

capítulo 6

La profecía personal

La profecía personal ha aumentado su popularidad en los últimos años. El patrón típico comienza con la revelación profética del ministro de una situación o evento que ha ocurrido o está presente ahora en la vida de alguna persona en particular, y con frecuencia apunta a heridas o rechazos del pasado. Usualmente, suele venir seguida de una declaración de bendiciones o promesas de lo que Dios hará en el futuro. No todas son iguales, pero ese es el formato común.

Con frecuencia se le llama «una palabra». Por eso es común escuchar a una persona decir: «Él tuvo una palabra para mí», o «¿Tuviste una palabra?»

El individuo que da estas palabras puede ser un profeta u otro creyente. En los años recientes, la propagación de las profecías personales a propulsado a muchos ministerios de reconocimiento nacional. Muchos de esos profetas o profetisas no solo dan palabras proféticas sino que también enseñan a otros a hacer lo mismo, a través de libros, seminarios, casetes o conferencias. Por el precio de la inscripción y un par de sesiones en un fin de semana, usted puede convertirse en un profeta o, por lo menos, aprender a profetizar a voluntad. En la mayoría de las reuniones de profecía se preparan casetes individuales de corta duración, para que la gente pueda llevárselos a la casa con sus «palabras» personales.

Es triste, pero estamos tan desesperadamente hambrientos por lo sobrenatural y la profecía verdadera que muchos no han ejercitado el juicio espiritual, y en su lugar han abrazado, sin cuidado, todas las formas de este ministerio. Jesús lo dijo en forma clara: «Mirad que nadie os engañe» (Mateo 24:4).

Necesitamos preguntar: «¿Por qué tantos son llevados tan fácilmente por mal camino, por profecías que no son genuinas?» Primero, con frecuencia somos ignorantes de lo auténtico. Para llegar a familiarizarnos con la profecía personal auténtica debemos retornar a las Escrituras para una mejor comprensión. Específicamente, quiero repasar las profecías personales del Nuevo Testamento. Ya que solo hay una pocas comparadas con el Antiguo Testamento, veamos todas las principales.

Simón y Andrés

Jesús caminó hacia el bote y les dijo: «Venid en pos de mí, y os haré pescadores de hombres.»

Él no dijo: «Venid en pos de mí y les daré gozo y felicidad.» Tampoco dijo: «Los haré ricos y prósperos.» ¿Por qué? Porque Jesús nunca uso las bendiciones o los beneficios del Reino para inducir a sus seguidores a la obediencia. No hubo promesas de logros personales o de éxito; solo la promesa de que los haría siervos (Mateo 4:18, 19).

Santiago y Juan

Santiago y Juan fueron a Jesús pidiéndole que les garantizara el privilegio de, ya en gloria, sentarse a su mano derecha y a su mano izquierda. Jesús, entonces, les preguntó si eran capaces de beber de la copa que Él bebería y bautizarse con el bautismo con que Él era bautizado. Con confianza, ellos dijeron: «Podemos.» Entonces Jesús les profetizó estas palabras: «A la verdad, de mi vaso beberéis, y con el bautismo con que yo soy bautizado, seréis bautizados; pero el sentaros a mi derecha y a mi izquierda, no es mío darlo, sino a aquellos para quienes está preparado por mi Padre» (Mateo 20:23).

El vaso y el bautismo del que hablaba representaban los sufrimientos que enfrentarían en Jerusalén (Mateo 26:42; Lucas 12:50; Juan 12:23–27). Les profetizó que sufrirían igual que Él. Esta no era una promesa o palabra agradable para estos dos preguntones. No escucharon lo que esperaban. De hecho, mientras buscaban emocionadamente un privilegio, recibieron un pronunciamiento que podría apretar sus corazones y poner seriedad a sus mentes. Les fue dicho que estaban pidiéndole a la persona equivocada, y luego se les prometió sufrimiento (Marcos 10:35–40; Mateo 20:20–23).

Simón Pedro

Jesús le dijo a Simón Pedro: «Satanás ha pedido que se le permita zarandearte como a trigo.» Luego el Señor dijo: «He orado que no falles completamente. Cuando te hallas arrepentido, Pedro, y hayas vuelto a mí, fortalece y cultiva la fe de tus hermanos.»

Note que Jesús no dijo: «Pedro, te estoy diciendo que el Padre no permitirá esto. Y lo escucho decir: "Haré que pases esto en gran victoria, y todos conocerán de tu gran amor por el Padre y por su Hijo. Y a partir de esto tu ministerio será lanzado a las naciones. Serás líder de líderes, y hablaré con aquellos que tienen dinero para que den para tu ministerio, y gozarás de abundancia financiera para hacer este gran trabajo para el que te he llamado a hacer…" ¡Aleluya!»

Estas hubieran sido palabras excelentes, pero no las que Dios estaba diciendo. No lo hubieran fortalecido para mantenerse durante las pruebas. Aunque Pedro llegó a ser líder de líderes, y la gente puso dinero para los pobres a sus pies, esto no era el centro de ninguna palabra profética que Jesús le hubiera dado.

Cuando Jesús profetizó su negación, Pedro rechazó eso, afirmando su compromiso. No obstante, Jesús respondió a su apasionada promesa de lealtad con: «—Pedro —le respondió el Señor— déjame decirte algo. ¡Antes que el gallo cante, negarás tres veces que me conoces!» (Lucas 22:31–34, BD).

¡Qué palabras profética tan fuertes! ¿Por qué Jesús no dijo: «Pedro, mi Padre dice: "Tú eres el más fiel de todos mis discípulos." Sé que nunca te apartaras de mí»?

Una segunda profecía para Simón Pedro

Luego de su resurrección, Jesús tuvo nuevamente una palabra para Simón Pedro. Fue la siguiente: «Cuando eras joven podías hacer lo que te parecía e ir a donde querías; mas cuando seas viejo, estirarás los brazos y otros te conducirán y te llevarán a donde no quieras ir.» Jesús le dijo esto para dejarle conocer qué clase de muerte tendría para glorificar a Dios. Entonces Jesús le dijo: «Sígueme» (Juan 21:18, 19, BD).

Note que Jesús no llamó la atención sobre el pasado de Pedro. No dijo: «Pedro, cuando eras joven fuiste abusado y maltratado por tus padres. Los pastores y amigos te rechazaron. Pero ahora te digo: "Sanaré todas esas heridas te y traeré a un lugar de autoridad, para que aquellos que te maltrataron te pidan disculpas y sirvan en tu ministerio internacional. Y sí, vivirás libre de las pruebas por todo lo que has soportado en tu infancia. ¡Aleluya!"»

Una miembro de una iglesia, llamada Safira

Una profecía personal le fue dada a una mujer llamada Safira, luego de que ella y su esposo habían conspirado y mentido al Espíritu Santo. Pedro le dijo: «¿Por qué convinisteis en tentar al Espíritu de Señor? He aquí a la puerta los pies de los que han sepultado a tu marido, y te sacarán a ti» (Hechos 5:1–11).

Note que Pedro no le dijo: «Y el Señor dice: "Tú eres mi hija y yo soy el Dios de las segundas oportunidades. ¿Quieres volver a pensar lo que dijiste? Yo sé que no fue en serio."»

Pablo, el apóstol

Una profecía personal le fue dada a Pablo en Tiro. El profeta Agabo vino y tomó el cinturón de Pablo y ató sus manos y sus pies, y le dijo: «Esto dice el Espíritu Santo: Así atarán los judíos en Jerusalén al varón de quien es este cinto, y le entregarán en mano de los gentiles» (Hechos 21:10, 11).

Note que Agabo no dice: «Así dice el Espíritu Santo: "Hay algunos que tratarán de impedir tu ministerio en Jerusalén, pero yo me levantaré contra ellos y evitaré que te encadenen y te lleven preso."»

Los patrones del Nuevo Testamento

Estas profecías del Nuevo Testamento que usted acaba de leer no siguen los patrones o los contenidos de las palabras que con tanta frecuencia escuchamos en la actualidad. En el presente, usted puede asistir a lo que muchos llaman «conferencias o reuniones proféticas». En algunas de esas reuniones, numerosas personas son llamadas y se les dan «palabras personales». Con mucha frecuencia están precedidas por: «Así dice el Señor…», o «Escuché al Señor decir…», o «Dios dice…» etc. Pero, ¿vienen todas esas palabras, realmente, de la boca de Dios, cuando la mayoría de ellas siguen un patrón completamente diferente del establecido en las Escrituras?

Cuando alguien hablaba proféticamente en el Nuevo Testamento, con frecuencia era para traer corrección a la gente que había cambiado de curso. O si sus vidas estaban en el blanco, las palabras proféticas los fortalecían para las batallas y pruebas que tenían por delante. Es por esto que Pablo anima a Timoteo a pelear la buena batalla con las profecías que le habían sido dadas (1 Timoteo 1:18). Timoteo tenía un corazón puro y su vida estaba en el blanco. Él fue equipado con la profecía cuando enfrentó las pruebas o batallas. Esto también fue verdad con Pablo cuando recibió palabra profética de Agabo. Las palabras proféticas fortalecieron la posición de Pablo al punto de poder decir: «Porque yo estoy dispuesto no solo a ser atado, mas aun a morir en Jerusalén por el nombre del Señor Jesús» (Hechos 21:13).

Otras veces, las palabras proféticas fueron dadas para impartir dones o apartar a creyentes del ministerio. Estas palabras vinieron de líderes probados, que trabajaban entre los creyentes y conocían sus vidas —no por profetas que conocen muy poco o nada acerca de ellos (1 Timoteo 5:22; Hechos 13:1–4). La Biblia es clara acerca de esto. Pablo escribe que antes que una persona sea nombrada diácono, debe ser probada. Solo los ministros que han observado la vida personal de los candidatos pueden hacer eso, no los extraños. Por ese motivo, Pablo dice: «No impongas con ligereza las manos a ninguno» (1 Timoteo 5:22). Hablaremos de esto en el capítulo 11.

En la actualidad, la mayoría de las profecías personales parecen edificar el yo y poner su énfasis en el dinero, las relaciones, el matrimonio, los negocios, los bebés o el ministerio. Cuando digo *ministerio*, no es nada parecido a lo que leímos en los pasajes anteriores. Las palabras actuales casi siempre parecen decir cuán estimulante será el llamado, o cuán grandemente los usará Dios, o cuán importantes son o serán. Entonces, tenemos palabras dadas a individuos relacionándolos a posiciones de liderazgo, de parte de «profetas» que no conocen nada acerca de la vida individual de ellos.

Miremos algunas palabras actuales dadas a individuos. Tenga en mente lo que hemos visto en las Escrituras, mientras lee estas palabras dichas como «directamente de la boca de Dios».

¿Un club campestre ungido?

Un hombre joven al que conozco personalmente me pidió que escuchara un casete de un palabra que había recibido de parte de un muy conocido profeta. Comenzaba diciéndosele a él que sería un profeta del Señor y que entrenaría gente en lo profético. Lo siguiente es una transcripción exacta del resto:

> «*Te veo en un club campestre, como en una cancha de tenis. Y el Señor dice que te enviará a través de esa puerta para ministrar a una multitud en el club campestre. No podrás ser comprado o vendido, porque el Señor te va a dar una riqueza independiente que te hará permanecer sin depender de la codicia en la que muchos han caído. El Señor construirá bajo tu cuidado una "máquina de hacer dinero", una organización y la habilidad de generar finanzas que generarán y desarrollarán una riqueza independiente. Pero el Señor te recuerda: Él hará esto para que recuerdes que ningún hombre toma en cuenta las palabras de un hombre sabio pobre. "Así que te tomaré y te sacaré de la pobreza, entonces los hombres ricos escucharán. Al principio no escucharán por tu sabiduría; pero lo harán por tu altura, tu estilo de vida y la riqueza que te daré", dice el Señor. "Te he ungido en la habilidad de hacer dinero."*»

Estas palabras fueron dadas como si vinieran directamente de la boca de Dios.

Bien, veamos algunos puntos. Primero, «ningún hombre toma en cuenta las palabras de un hombre sabio pobre». ¿Es así? ¿Qué de Juan el Bautista, quien vivió en el desierto alimentándose de langostas y miel? ¿Han sido olvidadas sus palabras? Jesús hasta le preguntó a las multitudes por qué iban a escuchar al pobre Juan, en pobres vestimentas, cuando podían escuchar a los ricos reyes en los palacios.

¿Qué acerca de Elías, quien vivió en cuevas y desiertos? ¿Fueron sus palabras o las de Acab las que permanecieron frente a las pruebas del tiempo? ¿Qué acerca de los discípulos de Jerusalén, quienes tenían todas las cosas en común para que nadie sufriera necesidad? De todas formas, por lo general, no suelo relacionar a los profetas bíblicos con clubes campestres ungidos. Jeremías batalló en forma constante con el rechazo de los ricos e influyentes. ¡Tal vez necesitaba esa unción para hacer dinero…! Simplemente, no me imagino al Señor diciendo esto.

Por otra parte, ¿desde cuándo la abundancia de dinero asegura la libertad de la codicia? Mi Biblia dice que el rico no tiene descanso porque siempre está preocupado en cómo obtener más, pero el pobre duerme profundamente (Eclesiastés 5:12). No solo juzgo esta palabra como que no es del Señor, sino que tampoco es escritural. Sí puedo decir, al escuchar el casete, que el hombre que estaba dando la palabra estaba cargado de emoción, y escuché a la gente en el auditorio aplaudiendo y gritando. Aun así, no sentí unción o la presencia de Dios.

¿Qué efecto tuvieron estas palabras en este hombre joven? ¿Lo fortalecieron para las pruebas o las batallas? ¿Llevaron su corazón hacia Dios? Yo le pregunté:

—¿Cómo te sentiste mientras se decía esto sobre ti? ¿Te hizo sentir bien?

Él dijo:

—Sí.

Le pregunté:

—¿Hizo la palabra que quisieras abrazar al profeta que la estaba entregando?

Nuevamente, dijo:

—Sí.

El tiempo había pasado desde que la palabra había sido dada; entonces le pregunté un poco más:

—¿Crees que esa fue una palabra de Dios?

—No —respondió.

La gente va a esta clase de reuniones deseando recibir una palabra de parte de Dios. Pero lo que realmente quieren tener es una vista de su futuro. Entonces, ¿es este ministro un profeta o un adivino cristiano?

No iglesias pequeñas

Un pastor me retransmitió una palabra que recibió su hijo de parte de un muy conocido profeta. El pastor me dijo: «John, si conoces a mi hijo sabrías que esa fue de las peores palabras que le podían haber dado. Alimentó una debilidad en él, ya que mi hijo, a veces, llega al extremo de ser muy confiado.»

El pastor compartió, entonces, cómo el profeta le dijo a su hijo que Dios lo había llamado al ministerio a tiempo completo. Continuó acerca de cuán grande y poderoso sería su ministerio. Entonces dijo: «Nunca tendrás que pastorear alguna pequeña iglesia de cincuenta miembros...»

¡Qué angustia! Muchas «pequeñas iglesias de cincuenta miembros» son preciosas para Dios, y están en obediencia a Él. Hay algunas iglesias de 5000 miembros que se han desviado del corazón y de los caminos de Dios mucho más que varios «pequeños» ministerios. Los números son importantes desde el punto de vista humano, pero Dios ve las cosas de manera diferente. Nuevamente, la palabra fue dada como si viniera directamente de la boca de Dios.

Para obedecer la palabra, los padres de este joven gastaron mucho dinero y tiempo en un seminario, y ahora su hijo está siguiendo una carrera en el mercado secular. Este pastor me confesó su presunción de que su hijo nunca fue llamado a dedicarse al ministerio a tiempo completo.

Bebés, bebés, bebés

Un profeta vino a la iglesia de un muy conocido pastor y profetizó ante la congregación entera que el pastor y su esposa iban a tener otro hijo. Esto perturbó al pastor, porque él y su esposa ya tenían varios hijos y habían tomado medidas quirúrgicas para prevenir el embarazo.

A mi esposa le fue profetizado que luego de nuestro tercer bebé, el siguiente sería mujer (aunque ella siempre quiso varones).

Cuando quedó encinta un año después, asumió que sería mujer. El día anterior a su ecografía (prueba de ultrasonido) oró y le preguntó al Señor: «¿Es una niña, no es así?» Dios le contestó firmemente: «¡No!» Al día siguiente la ecografía confirmó que era un varón. Aun así, Lisa estaba constantemente acosada por personas que habían escuchado la palabra o que tenían palabras de que el bebé era mujer. La paraban en casi cada reunión y le decían que era una niña. Una mujer llamó con un sueño de que nosotros pensábamos que era un varón, pero que era una niña. Otra llamó diciendo que estaba orando que Dios cambiara el bebé adentro del vientre en niña (lo cual inmediatamente reprendimos y atamos). Lisa les dijo que la ecografía mostraba que era un varón, y ellas respondieron: «Las ecografías se han equivocado antes», a lo que Lisa respondió: «También las profetisas.» Las confrontaciones no pararon hasta el nacimiento de nuestro cuarto hijo, Arden; un precioso varón.

La profecía más trágica que conozco sobre bebés fue la que un ministro le dio a una joven soltera, virgen, y le dijo que el Señor le había mostrado que ella estaba encinta. Esta señorita estaba comprometida y visitando la iglesia de unos amigos. Esto la humilló delante de toda la congregación. Argumentó que era imposible, y él argumentó nuevamente que el Señor le había mostrado que era verdad. Cuando él fue confrontado luego del servicio, se volvió atrás y cambió sus palabras, diciendo que cuando ella se casara tendría una pequeña niña. Ella, actualmente, está casada y han pasado unos pocos años desde entonces. Nunca existió el bebé antes de casarse. En cuanto a la pequeña niña, bien, existe el 50% de probabilidades en cuanto a esto.

Campanas de boda

A una mujer que mi esposa conoce le fue dicho por dos diferentes y muy respetados «profetas» y un pastor que se iba a casar con el hombre con el que había comenzado a salir recientemente. Las profecías hablaban de los bebés que tendrían juntos y de cuánto tiempo pasaría antes que se casaran. Las profecías hablaban de los maravillosos planes de Dios para ellos.

El único problema era que este hombre estaba lleno de codicia, blasfemaba cuando estaba frustrado y era un vividor. No duraba en ningún trabajo, y ella terminó sosteniéndolo económicamente en varias áreas. Todo le decía que terminara con la relación, pero ella no quería ir en contra de la palabra que le había sido dada. Si ella lo dejaba, estaría yendo en contra de una relación ordenada por Dios.

Luego de dos años de pesadilla, finalmente terminó la relación. Ella estaba devastada. Tres años más tarde le pregunté si creía que hubiera sido la voluntad de Dios que se casaran. Su respuesta fue: «Absolutamente, no.» Gracias a Dios que ellos no se casaron.

Adiestrado en Harvard

Un hombre en sus cuarentas, al que mi familia y yo conocemos y amamos, es un dotado artesano y carpintero. Él ama los ministerios de servicio y nos ha ayudado a nosotros como también a muchos otros. Un par de años atrás, un muy conocido profeta le dijo que él sorprendería a los hombres del mundo con su conocimiento y sabiduría en los negocios. Para eso, él respondería que lo había aprendido de sus estudios en Harvard.

Luego de recibir estas palabras, nuestro amigo llamó queriendo saber cómo podría inscribirse en Harvard por correspondencia. Su pedido me afectó, porque yo sabía que él había pasado un tiempo muy difícil para graduarse de la escuela secundaria. Además, tenía un buen empleo en tareas de mantenimiento. Poco después no escuché más nada sobre él. Llamé hace poco a otro ministro y me enteré que está trabajando en dos empleos para cubrir sus necesidades, uno como maletero en un hotel y otro como cajero en una tienda por departamentos. La palabra lo sacó de curso y lo arrojó a la búsqueda de su cumplimiento.

Una palabra restituida

Muchos años atrás, cuando mi esposa y yo viajamos por primera vez, enfrentamos varias desilusiones con una pareja de ministros. Se habían dicho cosas acerca nuestro que no eran verdad, lo cual creó una atmósfera de intensa prueba para nosotros.

Mi esposa asistió a una reunión de un muy conocido ministro profético, quien es considerado como muy exacto. En esa reunión Lisa fue llamada y se le pidió que se parara. El ministro reconoció saber poco acerca de nosotros o por lo que habíamos pasado, y entonces procedió a darle una palabra a mi esposa. La palabra fue de mucho ánimo y nos hizo ver y sentir mejor. Nos identificó dentro del ministerio y luego dijo palabras similares a esto: «El Señor dice: "Ellos han hablado en contra de ustedes en privado, pero yo voy a hacer que se disculpen en público."» Mi esposa estaba llorando. «*Dios ha identificado mi herida y mi dolor, y está consolándome en esto*», pensó ella. Salió de la reunión haciendo una lista mental de aquellos que le debían una disculpa, y pensando: «*Esta bien; ahora conozco a todos los que están en mi contra, pero Dios está de mi lado.*»

Cuando ella llegó a casa, puso el audio de su palabra personal, yo lo escuché y entonces dije: «Lisa, esto no viene de parte de Dios. Jesús dijo: "Padre, perdónalos, porque no saben lo que hacen" (Lucas 23:34). No dijo: "Padre, haz que se disculpen públicamente." Todo lo que esta palabra está haciendo es desviar el foco hacia nosotros y nuestro dolor pasado. Nosotros hemos perdonado y liberado a esta gente. Yo no estoy buscando ninguna disculpa.» Ella estuvo de acuerdo conmigo.

Hasta hoy, nadie se ha disculpado en forma privada, mucho menos públicamente.

Lo falso aceptado como real

Cientos de miles de esta clase de palabras han sido dadas a la iglesia en los últimos pocos años, y a todos los niveles; personal, local, en iglesias, conferencias y a nivel nacional. He usado ejemplos de palabras proféticas dadas por respetados profetas o ministros por la siguiente razón: para ilustrar cómo esto es tan fácilmente abrazado. Tampoco he elegido las palabras de las que es extremadamente obvio que están equivocadas, sino que traté de pintar un ejemplo de las palabras personales típicas que escuchamos con frecuencia en las iglesias.

Creo que si usted examina la forma y función de la expresión profética en las referencias escriturales, y las compara con lo que tenemos actualmente, eso lo ayudará a restaurar la pauta correcta para discernir y juzgar la profecía.

Por tanto tiempo nos hemos acostumbrado a la mentira que ya no tenemos estómago para la verdad. Pronto pensamos que lo anormal es normal. Si los líderes de la iglesia primitiva en el libro de Hechos asistieran a algunas de nuestras conferencias proféticas, sus bocas se quedarían abiertas en completo *shock* y asombro. Entonces llorarían como Jeremías, con sus corazones rotos por la contaminación del ministerio profético.

¿Qué ha sucedido? ¿Por qué la iglesia no solo ha tolerado sino también abrazado la perversión de este ministerio?

Necesitamos la profecía en la iglesia y somos fuertemente advertidos a no menospreciarla. Menospreciar algo es condenarlo u odiarlo. Hemos estado tan temerosos de menospreciar la profecía que hemos sido negligentes en juzgarla. Es importante que aprendamos a reconocer o discernir lo verdadero de lo falso.

No podemos aceptar lo falso como verdadero, solo porque tenemos miedo de rechazar la verdad como falsa; debemos aprender a separar lo bueno de lo malo. Tampoco es correcto ser tan cautelosos y críticos que rechazamos la verdad. Pablo dice que debemos analizar y probar todas las cosas hasta que aprendamos a reconocer lo que viene de Dios. Debemos hacer brillar la luz de la Palabra de Dios mientras examinamos la profecía en su contexto.

> *«El contentamiento y la codicia son dos fuerzas opuestas. El contentamiento nos aleja de la idolatría y nos acerca al corazón de Dios, mientras que la codicia nos aleja de Dios y nos guía hacia los altares de la idolatría».*

capítulo 7

Hablando a los ídolos del corazón

¿Por qué tantos se extravían a causa de estas palabras «proféticas»? ¿Por qué con tanta frecuencia fallamos en discernir entre lo verdadero y lo falso? En el capítulo anterior hemos aprendido uno de los motivos para que esto ocurra: no hemos utilizado la verdadera profecía bíblica como marco de referencia.

La segunda razón es más sutil. No nace de una falla para comprender los patrones bíblicos. Está arraigada en lo secreto. Abrazamos esas palabras porque alimentan los deseos y motivaciones secretas de nuestro corazón. Han alimentado el deseo natural por las ganancias y la promoción. Sin darnos cuenta hemos adoptado el deseo de la recompensa de los fariseos —las alabanzas o reconocimiento del hombre y las riquezas y comodidades de esta vida. Hemos perdido de vista la recompensa eterna y aceptado la temporal. Esto inhibe nuestra habilidad de dividir correctamente la verdad de la falsedad.

Para explicar correctamente esto primero debo definir dos palabras. Por favor, preste mucha atención mientras considera estas definiciones. Permita que su mente piense como se aplican. Aunque estas palabras son familiares, permita que el Espíritu Santo implante su significado profundo en su corazón.

La codicia

La primera es *codicia*. El *Diccionario Anaya de la lengua* dice: «Deseo inmoderado o ardiente de riquezas u otras cosas.» Y el *Diccionario Sopena* dice: «Ansia, deseo inmoderado de riquezas. Deseo ardiente de goces o cosas buenas.»

Le pedí al Señor en oración su definición de codicia. Su respuesta fue: «Codicia es el deseo por las ganancias.»

Esto no limita la codicia al deseo por el dinero; abarca las posesiones, las posiciones, las comodidades, la aceptación, los placeres, el poder, la lujuria, etc. La codicia es el estado en que nos encontramos cuando no estamos contentos. Nos esforzamos porque carecemos de la paz o el reposo con lo que Dios nos ha dado. Nos resistimos al plan o proceso de Él en nuestras vidas.

La codicia es lo opuesto al contentamiento. La Biblia nos dice que: «Gran ganancia es la piedad acompañada de contentamiento» (1 Timoteo 6:6). El contentamiento piadoso contiene en sí mismo gran ganancia y paz que trasciende el entendimiento. En contraste, la codicia es una morada para el desasosiego y es alimentado por continuos deseos y lujuria. Es un estado donde son eminentes el engaño y la destrucción.

Algunos pueden preguntar: «¿Pero no fue el mismo Pablo el que nos dijo "Procurad, pues, los dones mejores"? (1 Corintios 12:31).» Sí, pero su instrucción debe ser tomada en contexto. Nos dijo que deseáramos los mejores dones con el propósito de edificar o construir la Iglesia. (1 Corintios 14:12). Esto significa que el motivo detrás de estos deseos es ver a otros beneficiarse a través del plan y los propósitos de Dios. Cuando nuestros deseos son puros, no nos importa si somos nosotros u otra persona los usados para dispersar sus dones. Lo que queremos es estar seguros de que el pueblo de Dios está recibiendo de parte de Él. Si se nos han confiado dones, no podemos estar preocupados por las reacciones de los hombres. Debemos esforzarnos para tener la aceptación de Dios. Solo entonces podremos ser fieles para hablar lo que los hombres necesitan, no lo que quieren. Tendremos la mente del Reino.

Si poseemos los deseos del corazón de Dios no importa quién recoge la cosecha. ¡Solo deseamos que la cosecha sea recogida! Con frecuencia nos faltan los motivos del Señor y cedemos al poder de la codicia, aun cuando este viene en el poder y la unción de Dios. Viajamos cientos de millas por un servicio de «doble porción» o por obtener una palabra, pero aun así no confrontamos la envidia y los motivos egoístas que están escondidos en nuestro corazón. Es fácil perseguir el poder mientras somos negligentes en buscar la pureza y la santidad de Dios.

Mientras estábamos de vacaciones con mi familia, encontramos un canal cristiano de televisión y vimos cómo un popular evangelista enseñó a una gran multitud acerca de la unción. Compartió acera del precio de ella, mientras la gente escuchaba atentamente. No era difícil detectar su pasión por el poder de Dios. Algunos hasta se pararon y lo miraron fijamente con miradas ardientes. Sin embargo, yo sentí aflicción en mi espíritu. Esto fue confirmado mientras veía a un hombre subir a la plataforma y poner un cheque en las manos del evangelista; era una ofrenda. Mi mente regresó a Pedro, cuando le fue ofrecido dinero por la unción (Hechos 8:18–24). Miré con alivio cuando este evangelista retornaba el cheque a las manos del hombre. Salí y caminé solo por la playa. «Señor», pregunté, «Sentí aflicción…creo saber por qué, pero quiero que me lo expliques.»

Escuché su suave voz hablando a mi corazón. «John, ellos están apasionados por mi poder, pero por los motivos equivocados.

El poder puede hacer sentir a una persona importante. Les da autoridad, los valida o les trae riquezas.»

Luego recordé las palabras de Jesús en el día del juicio. Ellos profesaban su señorío, basándose en el hecho de que habían hecho milagros, echado fuera demonios y profetizado en su nombre. Él se vuelve a ellos y les dice: «¡Apártense de mí. Ustedes no han hecho la voluntad de mi Padre!» (Mateo 7:21–23; parafraseado).

El Señor continuó: «John, nota que la gente no dijo: "Señor, Señor, en tu nombre visitamos a los que están encarcelados, alimentamos a los hambrientos y vestimos a los desnudos."»

Pensativamente, estuve de acuerdo: «*No, no lo hicieron.*»

Entonces vi cómo tantos ambicionan sus dones por razones egoístas o beneficio propio, no por amor a Jesús y su pueblo. Esta es solo una de las formas en que la codicia ha trepado en la Iglesia. Hemos permitido —y en algunos casos hasta animado— un excesivo deseo por el poder del ministerio.

El contentamiento

Ya hemos mencionado esta palabra. El *Diccionario Webster* define *contento* o *contentamiento* como: «descanso o reposo de mente en la condición presente; satisfacción que mantiene a la mente en paz, la queja, la oposición o el deseo refrenados, y con frecuencia implica un grado moderado de felicidad.»

En oración le pedí al Señor por su definición simple de contentamiento. Escuché en mi corazón: «Completa satisfacción en mi voluntad.»

La vida de Jesús es la viva imagen del contentamiento. Escuchamos esto repetidamente en sus palabras: «Mi comida es que haga la voluntad del que me envió, y que acabe su obra» (Juan 4:34). Su completo contentamiento y compromiso con la voluntad de Dios es evidente en el Salmo mesiánico, que dice: «El hacer tu voluntad, Dios mío, me ha agradado, y tu ley está en medio de mi corazón» (Salmo 40:8).

Para Él no existía ningún deseo o pasión fuera de la voluntad de Dios. Su única pasión era cumplir los deseos de su Padre.

De este contentamiento nacieron las palabras: «Y yo vivo por el Padre» (Juan 6:57). Esto produjo una seguridad y estabilidad sobrenaturales, que tan audazmente proclamó: «Porque sé de dónde he venido y a dónde voy» (Juan 8:14). A causa de esto Él no podía ser disuadido o extraviado.

Jesús vivió solo para los deseos del Padre, y su completa satisfacción y confianza se encontraba en hacer la voluntad del Padre. Somos exhortados:

> «*Sean vuestras costumbres* [comportamiento] *sin avaricia, contentos con lo que tenéis ahora; porque él dijo: No te desampararé, ni te dejaré.*»
> —HEBREOS 13:5, contenido entre corchetes añadido

El contentamiento con su voluntad es estar libres de la codicia. Es estar libres de la servidumbre al amo del yo. Este es el verdadero descanso en el que cada creyente va a permanecer. Se nos dijo: «Porque el que ha entrado en su reposo, también ha reposado de sus obras» (Hebreos 4:10). Este lugar de reposo provee gran fortaleza y confianza.

> «*Porque así dijo Jehová el Señor, el Santo de Israel: En descanso y en reposo seréis salvos; en quietud y en confianza será vuestra fortaleza.*»
> —ISAÍAS 30:15

Las Escrituras nos describen como ovejas que se han desviado y extraviado. Pero la salvación no se encuentra solo en el hecho de regresar sino en la combinación de regresar y *descansar*. Esta palabra hebrea para *salvar* es *yasha*. Esencialmente, significa: «Quitar, o buscar quitar a alguien de una carga, opresión o peligro.»[2]

---

2 W. E. Vine. *Vine's Complete Expository Dictionary of Biblical Words*, Thomas Nelson. Ver «To save».

Una de las definiciones del *Diccionario Strong* para esto es: «Estar seguro.» En este estado de descanso o contentamiento encontramos la seguridad contra el engaño. Aquí no seremos llevados por mal camino.

Antes de su conversión al cristianismo, Pablo perseguía apasionadamente el poder, la influencia y la notoriedad. Sus propias palabras describen cómo Jesús transformó su vida y ministerio:

> «*No digo esto porque esté necesitado, pues he aprendido a estar satisfecho en cualquier situación que me encuentre.*»
> —FILIPENSES 4:11, NVI

Pablo aprendió a vivir en un lugar de descanso eterno. A la iglesia occidental le falta desesperadamente este contentamiento. Nuestra cultura y sociedad presente alientan un estado de descontento constante. Llevan a sus habitantes a afanarse y conseguir más y más. Estamos entrenados en el descontento. Estamos continuamente acosados por la familia, los amigos, la publicidad, los medios de comunicación y por otras diferentes formas que nos dicen que nos falta lograr la satisfacción de este mundo. Si cedemos esta presión producirá ambiciones elevadas y egoístas, metas competitivas.

Tristemente, con mucha frecuencia las metas de los ministros siguen estos patrones. Los sueños o llamados son pervertidos a enfocarse más en el cumplimiento de motivaciones personales. Aunque el llamado puede ser genuino, los motivos se adulteran o son contaminados. Estas ambiciones están hábilmente disfrazadas en el diálogo cristiano y ministerial, haciendo que sean más difíciles de detectar. No importa como se disfracen, aun así no son nada más que codicia.

La idolatría hoy

El contentamiento y la codicia son dos fuerzas opuestas. El *contentamiento* nos aleja de la idolatría y nos acerca al corazón de Dios, mientras que la *codicia* nos aleja de Dios y nos guía hacia los altares de la idolatría. Contrastar palabras de significados opuestos ilustra más claramente sus distinciones. Al definir estas dos palabras obtuvimos un claro cuadro de la codicia. Es más fácil ver cómo ha trepado en la iglesia bajo el disfraz del ministerio o bendiciones para encubrir su verdadera identidad.

A la luz de este entendimiento, examinemos la palabra codicia a través de las palabras de Ezequiel, el profeta de Dios.

«Y vino a mí palabra de Jehová, diciendo: Hijo de hombre, estos hombres han puesto sus ídolos en su corazón, y han establecido el tropiezo de su maldad delante de su rostro. ¿Acaso he de ser yo en modo alguno consultado por ellos?»

—Ezequiel 14:2, 3

Dios se lamentó que su pueblo del pacto viniera delante suyo pidiendo consejo, dirección o sabiduría con ídolos escondidos en sus corazones. No es claro si ellos estaban completamente conscientes de lo que estaban haciendo. Parece que la verdad estaba protegida de sus ojos. Los ídolos de los cuales habían buscado satisfacción causó que cayeran en la iniquidad. La palabra hebrea para iniquidad es *awon*. Significa: «una ofensa intencional o no contra las leyes de Dios.»[3]

Note que Dios no dice que han puesto los ídolos en sus salas, jardines o debajo de sus árboles. Esto es porque la idolatría comienza en el corazón. Antes de seguir adelante debemos definir la idolatría.

Idolatría es una palabra un tanto extraña para la iglesia americana. Tenemos la tendencia a desatender las advertencias de Dios en relación a ella como si no tuvieran aplicación actual para nosotros. No tenemos altares o estatuas de oro. No tenemos imágenes esculpidas en piedra o madera. Usted podría

---

3. Ibíd. Ver «Iniquity».

agotarse buscando a alguien criado en nuestra cultura occidental involucrado en tales prácticas. Sabemos que las verdades dichas en las Escrituras todavía nos hablan a nosotros en la actualidad; por lo tanto, la idolatría debe tener una aplicación actual. Examinemos las Escrituras para formular nuestra definición. Solo entonces reconoceremos el asombroso nivel de nuestro involucramiento.

El primero de los Diez Mandamientos es: «Yo soy Jehová tu Dios... No tendrás dioses ajenos delante de mí» (Éxodo 20:2, 3). La palabra hebrea para *dioses* es *elohiym*. Esta palabra aparece casi 2250 veces en el Antiguo Testamento. En aproximadamente 2000 de esas referencias la palabra es utilizada para identificar a Dios el Señor. Un ejemplo de esto es Deuteronomio 13:4: «En pos de Jehová vuestro Dios andaréis; a él temeréis, guardaréis sus mandamientos y escucharéis su voz, a él serviréis, y a él seguiréis.» Puede ver en este pasaje que se da el nombre de Jehová, y entonces es referido a nosotros como «vuestro *elohiym* [Dios]». Él es Dios, la autoridad absoluta y el recurso final. Cuando Dios dice que no tendremos otros dioses (*elohiym*) delante de Él, está diciendo: «Yo soy tu recurso para todo. Nada tomará mi lugar.» Jesús lo dijo de esta forma: «Como me envió el Padre viviente, y yo vivo por el Padre, asimismo el que me come, él también vivirá por mí» (Juan 6:57). Nos alimentamos de lo que nos sustenta. Se convierte en nuestro recurso de vida. Es por eso que Jesús se refiere a sí mismo como el Pan de Vida (Juan 6:48).

Un ídolo se convierte en un recurso para nosotros. Esto puede suceder en cualquier área de nuestras vidas. Un ídolo toma el lugar que solo Dios merece. Puede servir como un recurso para la felicidad, comodidad, paz, provisión, etc. Dios dice: «No haréis para vosotros ídolos» (Levítico 26:1). Nosotros somos los que hacemos un ídolo. El poder del ídolo yace en nuestros corazones. Así que no siempre está hecho de piedras, madera o metales preciosos.

¡Un ídolo es cualquier cosa que pongamos en nuestras vidas antes que a Dios! Es lo que amamos, nos gusta, confiamos, deseamos o le damos más atención que al Señor. Un ídolo es de dónde sacamos nuestra fortaleza o a lo que se la damos. Un creyente entra en la idolatría cuando permite que su corazón sea agitado por el descontento y busca la satisfacción fuera de Dios. Esto puede ser una persona, una posesión o una actividad. Por lo tanto, la idolatría se encuentra en el egoísmo. Pablo confirma esto, diciendo:

> «*Haced morir, pues, lo terrenal en vosotros: fornicación, impureza, pasiones desordenadas, malos deseos y avaricia, que es idolatría.*»
> —COLOSENSES 3:5

La *idolatría* es definida a través de las Escrituras como codicia o un corazón que busca ganar el beneficio propio. Nuevamente, quiero enfatizar que esto no se limita a las cosas materiales. Simplemente puede ser cualquier cosa. Por ejemplo, el deseo de reconocimiento puede ser un ídolo. El gozo y la fortaleza temporales vienen con el deseo de reputación o fama, mientras que el desánimo acompaña la falta de ellos. La competencia surge por el deseo de atención y afectos de parte de otros. Como resultado, las opiniones de otros se convierten en algo cada vez más importante. Finalmente, la opinión de los hombres pesa más que la de Dios.

Otro ejemplo puede ser el deseo de compañerismo. Juan nos dice: «Nuestra comunión verdaderamente es con el Padre, y con su Hijo Jesucristo» (1 Juan 1:3). Somos animados a entrar y habitar en el compañerismo del Espíritu Santo (2 Corintios 13:14). Fuera de este compañerismo puro, Dios levantará relaciones saludables con otros en el Cuerpo. Él conoce mejor que nosotros qué es necesario y saludable en las relaciones. Pero algunos dudan de la preocupación, tiempo o selección de Dios y se vuelven ansiosos. Su contentamiento es interrumpido y dudan de la provisión del Señor. Comienzan a desear y buscar compañerismo fuera del plan y de la voluntad de Dios. Así es como muchos se encuentran a sí mismos en relaciones que finalmente arruinan o corrompen su caminar con Dios. Con frecuencia, es así como se hacen las malas elecciones para el matrimonio. El ídolo del compañerismo ensombrece todo razonamiento pertinente y terminan tropezando.

La idolatría se origina en el corazón. Una persona puede caer fácilmente en ella mientras asiste a las reuniones y profesa su fe en Jesucristo. En el Antiguo Testamento, Judá podía ir tras otros dioses en cada monte alto o debajo de cada árbol, cometiendo idolatría (Jeremías 3:6). Luego iban al templo del Señor y se ponían delante de Él y adoraban (Jeremías 7:1–11). De hecho, Dios expone la hipocresía de ellos, señalándoles a través de Ezequiel que la gente sacrificaba a los ídolos y «entraban en mi santuario el mismo día» (Ezequiel 23:39). Ellos todavía iban al templo, pero sus corazones pertenecían a la idolatría.

La idolatría y las palabras proféticas

Con este entendimiento de la idolatría, leamos nuevamente lo que Dios dijo a través del profeta Ezequiel:

> *«Y vino a mí palabra de Jehová, diciendo: Hijo de hombre, estos hombres han puesto sus ídolos en su corazón, y han establecido el tropiezo de su maldad delante de su rostro. ¿Acaso he de ser yo en modo alguno consultado por ellos? Háblales, por tanto, y diles: Así ha dicho Jehová el Señor: Cualquier hombre de la casa de Israel que hubiere puesto sus ídolos en su corazón, y establecido el tropiezo de su maldad delante de su rostro, y viniere al profeta, yo Jehová responderé al que viniere conforme a la multitud de sus ídolos…»*
>
> —EZEQUIEL 14:2–4

¡Wow! Cuando la gente va delante del profeta con idolatría —el deseo de beneficio personal— en sus corazones y pide consejo o palabra profética, pueden tener alguna, pero la palabra no va a ser la voluntad de Dios. Ahora escuchemos lo que Dios tiene para decir acerca de esos profetas:

«… Y si alguno de los falsos profetas de cualquier modo le da un mensaje, es una mentira. Su profecía no se cumplirá, y yo me pondré contra ese "profeta" y lo destruiré de entre mi pueblo Israel.»

—Ezequiel 14:9, BD

Durante los últimos meses en oración el Señor ha trabajado conmigo acerca del ministerio profético falso. He clamado por respuestas acerca de qué es lo que hay detrás de esas palabras que tan libremente son dadas a la Iglesia hoy día. En respuesta, el Espíritu de Dios me guió a este capítulo en Ezequiel. Se hizo más claro mientras leía el pasaje. Descubrí que la raíz de cualquier abuso era algún tipo de codicia. Encontré cómo Dios describe a su pueblo y a los profetas en el período de tiempo cuando la codicia florecía junto a la verdadera profecía en Israel.

«Porque desde el más chico de ellos hasta el más grande, cada uno sigue la avaricia; y desde el profeta hasta el sacerdote, todos son engañadores.»

—Jeremías 6:13

Comencé a entrever el profundo trabajo espiritual detrás de este grave error. Puedo ver el descontento de los hombres y mujeres que vienen a estos servicios. De esto se ha levantado el deseo por lo que ellos piensan que les falta en la vida. (Con mucha frecuencia estas no son necesidades sino nada más que ambiciones o codicia). La idolatría los abre a recibir palabras que son dichas directamente a esas ambiciones o codicias, y fortalecen esos deseos o ídolos. Todo lo que necesitan para escuchar lo que quieren es encontrar «ministerios» que fallan en el temor de Dios. Estos estarán preocupados por su reputación, apariencia, crecimiento y agenda. Pueden ser comprados o persuadidos con la recompensa adecuada; de este modo hablarán a la luz de los deseos personales en lugar de hacerlo a la luz de la Palabra de Dios.

La historia en 2 Crónicas 18 ilustra cómo los ídolos del corazón pueden traer sobre ellos mismos confirmación profética. Josafat, rey de Judá, se había aliado a Acab, rey de Israel, a través del casamiento de sus hijos. Esta no fue una buena movida para Josafat porque él temía al Señor, mientras que Acab era un idólatra. Luego de algún tiempo, Josafat fue a Samaria a visitar a Acab.

Acab le preguntó a Josafat si él y Judá irían a la guerra junto a Israel para atacar a Siria. Josafat respondió: «—¡Por supuesto! — contestó el rey Josafat—. Estoy contigo en todo. ¡Mis regimientos están a tu disposición! Sin embargo, será bueno que primero lo pongamos a la consideración del Señor» (v. 3, 4, BD).

Entonces el rey de Israel reunió a todos los profetas de Israel, 400 hombres. Note que estos no eran profetas de Baal o de otros dioses falsos sino de Dios, el Señor. (Ver v. 10, el cual dice que hablaban en el nombre de Jehová). El rey les preguntó si debían ir a la guerra o abstenerse.

Los profetas, todos a un acuerdo, contestaron: «Sube, porque Dios los entregará en mano del rey.»

Aun así, Josafat no estaba satisfecho con la respuesta de esta gran compañía de profetas. El temor de Dios en su vida había guardado de alguna forma intacto su discernimiento. Él preguntó: «¿Hay aún aquí algún profeta de Jehová, para que por medio de él preguntemos?» Sabía que estos eran los profetas de Israel y que habían hablado en el nombre de Jehová, pero todavía había algo que no estaba bien.

Acab dijo: «Aún hay aquí un hombre por el cual podemos preguntar a Jehová; mas yo le aborrezco, porque nunca me profetiza cosa buena, sino siempre mal. Este es Micaías.»

Entonces Josafat le dijo a Acab: «No hable así el rey.» Acab odiaba a Micaías porque nunca le había profetizado lo que él quería oír. Micaías no quería nada de parte de Acab. Le temía a Dios más que al hombre. El sabía que Dios era su fuente y prefería agradar a Dios antes que a un rey malvado. Esto lo guardó puro y libre de la adulación en la que operaban los otros.

Entonces Acab envió por Micaías. Mientras estaban esperando por el hombre de Dios, los otros «profetas de Jehová» continuaron profetizando delante de los dos reyes. Uno de ellos, llamado Sedequías, un hebreo de la tribu de Benjamín (1 Crónicas 7:6–10), se hizo unos cuernos de hierro y dijo: «Así ha dicho Jehová: Con estos acornearás a los sirios hasta destruirlos por completo.»

Entonces todos los profetas profetizaron diciendo: «Sube contra Ramot de Galaad, y serás prosperado; porque Jehová la entregará en mano del rey.»

Estas eran terribles y específicas palabras «de Dios». Ellos estaban edificando, animando y confortando. Las mismas palabras proféticas fueron puntualizadas por casi todos los profetas en Israel. Seguramente hay seguridad en la multitud de profetas… ¿no es cierto? Y lo que realmente era edificante es que las profecías ¡eran una confirmación! (Este término es muchas veces mencionado en nuestra aceptación de las palabras proféticas.) ¡Ellas confirmaban el deseo exacto del corazón de Acab! Sí, es correcto; hablaban directamente de sus deseos de ganar.

Ahora, mientras los profetas profetizaban, el mensajero encontró a Micaías y le habló, diciendo: «He aquí las palabras de los profetas a una voz anuncian al rey cosas buenas; yo, pues, te ruego que tu palabra sea como la de uno de ellos, que hables bien.»

He escuchado antes consejos como este: «John, anima a la gente. Predica mensajes positivos. Edifícalos. Dales palabras personales del Señor que los conforten. Termina tus servicios con una canción de triunfo. Deja que se vayan sintiéndose bien.» Ellos actúan como si el mensajero pudiera entrometerse con el mensaje del Rey. ¡Qué irreverencia terrible!

La respuesta directa de Micaías fue: «Vive Jehová, que lo que mi Dios me dijere, eso hablaré.» ¡Oh Padre, envíanos profetas que hagan lo mismo en nuestros días!

Cuando Micaías vino delante de Acab, se le hizo la misma pregunta que ya había sido respondida por los otros profetas. Primeramente, le dijo lo que Acab quería oír: «Subid, y seréis prosperados, pues serán entregados en vuestras manos.»

Acab se molestó con Micaías, porque pensó que se estaba burlando de él. Pero Micaías solo estaba ilustrando lo que Dios le había revelado acerca de lo sucedido con los otros 400 profetas.

Entonces Micaías dijo las verdaderas palabras proféticas: «He visto a todo Israel derramado por los montes como ovejas sin pastor; y dijo Jehová: Estos no tienen señor; vuélvase cada uno en paz a su casa.»

Acab se volvió a Josafat y le dijo: «¿No te había yo dicho que no me profetizaría bien, sino mal?»

Entonces Micaías procedió a decirle a Acab por qué los otros profetas le habían dicho que fuera a la batalla.

> «Oíd, pues, palabra de Jehová: Yo he visto a Jehová sentado en su trono, y todo el ejército de los cielos estaba a su mano derecha y a su izquierda.
>
> Y Jehová preguntó: ¿Quién inducirá a Acab rey de Israel, para que suba y caiga en Ramot de Galaad? Y uno decía así, y otro decía de otra manera.
>
> Entonces salió un espíritu que se puso delante de Jehová y dijo: Yo le induciré. Y Jehová le dijo: ¿De qué modo?
>
> Y él dijo: Saldré y seré espíritu de mentira en la boca de todos sus profetas.
>
> Y Jehová dijo: Tú le inducirás, y lo lograrás; anda y hazlo así. Y ahora, he aquí Jehová ha puesto espíritu de mentira en la boca de estos tus profetas; pues Jehová ha hablado el mal contra ti.»
>
> —2 Crónicas 18:18–22

Dios respondió a Acab de acuerdo al engaño y la idolatría en su corazón. Acab recibió las palabras que quería oír, pero rechazó las verdaderas palabras de Dios que podrían haberle traído protección y liberación. Fue a la batalla y pensó que estaría protegido, porque se disfrazó para que los sirios no lo reconocieran. ¡Usted puede esconderse del hombre, pero nunca de Dios! Él fue atravesado por una flecha y murió antes que el día terminara.

¿Y que sucede actualmente? Los «profetas del Señor» están profetizando sobre toda la tierra. Dicen muy libremente: «Así dice el Señor...», pero, ¿es el Espíritu de Dios, o sus palabras son inspiradas por las engañosas fuerzas de la idolatría? ¿Están los ídolos residiendo tanto en el corazón de los profetas como en el de la gente? Debemos recordar muy bien la advertencia de Pablo: «Porque el mismo Satanás se disfraza como ángel de luz» (2 Corintios 11:14).

Pablo no dice que Satanás puede transformarse en ángel de luz, ¡sino que lo hace! Es su principal modo de operación. Esto significa que él o sus cohortes pueden imitar palabras proféticas en la mente de los profetas; palabras que hacen pensar que el Espíritu de Dios está hablando. Especialmente, ya que el Señor declaró: «Yo Jehová engañé al tal profeta» (Ezequiel 14:9). Recuerde que Dios dio permiso al espíritu de mentira para influenciar a los profetas de Israel.

Igual que en los días de Jeremías y Ezequiel, hay una multitud de palabras. Parece ser que la mayoría de ellas anuncian prosperidad, felicidad y paz. En lugar de llamar a los hombres y mujeres a que vuelvan al corazón de Dios con palabras firmes, los alejan con palabras que alimentan los ídolos en sus corazones. Pablo previó esto:

> *«Porque llegará el tiempo en que no van a tolerar la sana doctrina, sino que, llevados de sus propios deseos, se rodearán de maestros que les digan las novelerías que quieren oír.»*
>
> —2 Timoteo 4:3, nvi

Estos maestros o profetas le hablarán a la gente de tal forma que sus codiciosos e idólatras corazones serán satisfechos. Debemos rogar a Dios por profetas como Micaías, que hablen fielmente la palabra del Señor, sea o no bienvenida.

«Ministerio en una mano y dinero en la otra»

Mi esposa y yo conocemos a una mujer —a la cual llamaré Susana por la seguridad de su privacidad— que asistió a una reunión «profética». Ella es soltera y tiene alrededor de treinta años. Tiene un gran deseo de casarse y estar en el ministerio. Le comentó a alguien que estaba muy ajustada financieramente. Durante la reunión se le pidió que se pusiera de pie. El muy conocido «profeta» no tenía ni idea de quién era ella, pero aun así le dio esta palabra: «Así dice el Señor: "Te estoy dando un esposo, ¡y él tendrá un ministerio en una mano y dinero en la otra! Te estoy preparando para él ahora."» Luego, el «profeta» le dijo que todo sucedería rápidamente y que ella estaría casada en tres meses. Por supuesto, ella estaba asombrada y abrumada por el gozo de que «Dios le había hablado...» Lloró, segura de que Dios había escuchado el clamor de su corazón.

Se preparó para este esposo que vendría rápidamente con ministerio y dinero en sus manos. Compró un vestido de novia, aunque sus finanzas estaban muy ajustadas. También rechazó una buena oferta de trabajo, sabiendo que su pareja llegaría pronto. Pasaron los tres meses y no solo las campanas de boda no sonaron, sino que tampoco conoció o desarrolló ninguna relación con un hombre. De hecho, al momento de escribir esto, ya pasaron cinco años y ella sigue soltera. Ha deambulado de una carrera a otra y de iglesia en iglesia, observando y esperando.

La palabra habló directamente a un deseo desmedido de su corazón. Casamiento, ministerio y finanzas —todas sus áreas de descontento— le fueron prometidas que se cumplirían. La profecía personal confirmó los deseos de su corazón y parecía asombrosamente exacta, pero, ¿era del Señor o fue inspirada por otra fuente? Juzgándolo por los frutos, tanto el profeta como Susana fueron engañados, ¡Ambos creyeron completamente que eran palabras del Espíritu Santo!

Podría darle ejemplo tras ejemplo de la misma cosa. De hecho, no creo que deba ir mucho más lejos para decir que la mayoría de las palabras personales caen dentro de esta categoría. Los cuestionadores descontentos asisten a las reuniones donde los «profetas» que agradan a los hombres son fácilmente inducidos a decirles lo que hay en sus corazones. El resultado es evidente; las palabras reflejan los codiciosos deseos de los inquisidores y los motivos del profeta. Ambos son engañados a pensar que realmente es el Señor el que está hablando.

«Trabajarás para el evangelista»

Regresando a mediados de los ochenta, yo servía en el ministerio de ayuda en una iglesia muy grande, en Texas. Una de mis responsabilidades era atender a los predicadores invitados. Había un evangelista en particular que venía regularmente a nuestra iglesia, a quien yo amaba. Es muy conocido en los países del Tercer Mundo, y había visto a millones venir al Reino durante sus cuarenta años de ministerio.

Yo estaba muy atraído por él, y cada vez que venía a nuestra iglesia teníamos un hermoso compañerismo. Me había dado el número de teléfono de su casa y contestaba mis cartas cuando le escribía. Durante un período de tiempo de cuatro años me dio dos vestuarios completos, ya que teníamos la misma talla.

Quería trabajar para este hombre en una forma equivocada. Trabajar para él se convirtió en el centro de mi vida y ministerio. Me avergüenza decir esto, pero recuerdo en mis oraciones íntimas, cuando podía profetizarme a mí mismo que me iría de donde estaba y serviría a este hombre, así como Eliseo sirvió a Elías. Podía divagar sobre cómo iría más lejos y haría más de lo que hasta él había hecho. Entonces podría predecir «proféticamente» una doble porción de unción de milagros y salvación. Hasta fui lo suficientemente audaz como para escribir estas profecías en papel. Mi esposa me escuchaba y me decía que estaba afligida, pero yo pensaba que ella simplemente se estaba resistiendo al cambio.

Luego de dos años, sucedió algo realmente excitante. En el transcurso de un par de meses dos personas diferentes profetizaron que yo trabajaría para este evangelista. ¡Hasta dijeron su nombre! Yo estaba en un estado de gozo extremo.

Comencé a prepararme. Le escribí, compartiéndole mis deseos de trabajar para él y su esposa. El tiempo pasó y continuamos moviéndonos en esa dirección. Entonces Dios, claramente, mostró que esa no era su voluntad para nosotros; nunca lo había sido. Durante casi cuatro años el centro completo de mis emociones, ministerio, ambiciones y pensamientos había sido trabajar para él. Todos aquellos cercanos a mí también lo sabían. Me sentí avergonzado y humillado.

Durante semanas estuve paralizado, tanto espiritual como emocionalmente. Recuerdo pensar: *¿Cómo sucedió esto? ¿Y qué sobre las palabras proféticas que me dieron? ¿Cómo pude estar tan equivocado?* Recuerdo haberle dicho a un pastor del equipo:

—Siento como que soy insignificante. Todo el mundo debe pensar que no valgo nada.

Pero lo que más me asustaba era una pregunta que me obsesionaba: ¿Como sabré en el futuro si estoy escuchando de parte de Dios?

Fue doloroso, y me tomó unos pocos meses, pero Dios no solo me sanó sino que también me restauró. Descubrí que el ministerio se había convertido en un ídolo para mí, y trabajar para ese hombre era el centro de mi idolatría. La sanidad vino una mañana mientras oraba. Escuché a Dios decir: «John, pon el ministerio en el altar.»

Ya me había arrepentido de mis deseos excesivos e incorrectos, y después de años de tensión y esfuerzos, yo estaba más que listo para dejarlo. Alcé mis manos, simbolizando mi rendición, y desde lo profundo de mi ser dije: «Señor, lo pongo en el altar. Te lo devuelvo. Si Jesús viene y yo todavía estoy manejando el microbús para mi iglesia y sirviendo a mi pastor, no dirás que te he desobedecido.»

Experimenté que la paz de Dios inundaba mi alma por primera vez en dos años.

Le pregunté al Señor: «¿Por qué me pides que haga esto?»

El Señor respondió: «¡Porque quiero ver si me estás sirviendo a mí o a un sueño!» Su declaración abrió mis ojos.

Permanecí en paz, guardando esto cuidadosamente. En cuestión de meses Dios me promovió a su servicio, y comencé como pastor asociado. ¡El ministerio ya no era más un ídolo!

El entendimiento completo de cómo tuvo lugar todo esto no vino hasta más de diez años después, cuando el Señor me habló a través de Ezequiel 14. Vi como había edificado el ídolo del ministerio y abrazado las palabras que hablaban de él. Me había osado a hablar idolatría en mi propio corazón, y los dos individuos que me dieron palabras lo hicieron en respuesta a mi idolatría. Esas eran palabras engañosas que trajeron confusión a mi vida y a la de los que estaban cerca mío. Jeremías 17:9 nos dice que el corazón es engañoso más que todas las cosas. Yo había permitido que mi corazón me llevara por mal camino. Había torcido las Escrituras para llenar mis deseos y había llamado a mis palabras como de Dios.

Algunos pueden preguntar: «¿Había un espíritu de mentira hablando a través suyo y de los otros individuos?» Puede haberlo habido, pero no es eso en lo que quiero que nos enfoquemos. Quiero que nos centremos en el engaño. Me engañé a mí mismo a través de mi descontento y mis deseos desmedidos. Estaba lejos de habitar en su descanso, mientras trabajaba para apaciguar la codicia de mi propio corazón.

El deseo del éxito es la fuerza mayor detrás de la aceptación de la falsa profecía en la Iglesia. ¡Escuche lo que Dios dijo a través de Jeremías!

«Así dice el Señor Todopoderoso, el Dios de Israel: "No se dejen engañar por los profetas ni por los adivinos que

están entre ustedes. No hagan caso de los sueños que ellos tienen.»

—JEREMÍAS 29:8, NVI

¡Nosotros animamos a los profetas y adivinos a hablarnos de acuerdo a nuestro descontento e idolatría! Tenemos parte en esto y debemos arrepentirnos de nuestro descontento y codicia por los deseos de ganancias!

Hay esperanza. Aunque hayamos divagado por mal camino y seguido tras las palabras de la idolatría, todavía no es tarde para regresar al camino de la vida. Dios nos amonesta porque anhela restaurarnos. ¡Él perdonará! Me limpió y me restauró a mí. Me arrepentí delante de Dios y de todos aquellos que habían sido afectados por mi pecado al utilizar su nombre en vano y hablar falsamente. Él no rechaza a las personas. Hará lo mismo por cualquiera que se humille y arrepienta.

Si usted ha hablado palabras proféticas falsas o se ha extraviado en el camino del engaño y la idolatría, necesita saber que el perdón de Dios está disponible a través del arrepentimiento. En el próximo capítulo veremos las consecuencias de someternos al ministerio profético falso o las palabras falsas.

*«La falsa profecía corrompe a la gente,
y esto los hace estériles e inútiles».*

capítulo 8

Corrompido por palabras proféticas

Me senté a almorzar con un buen amigo en la mesa de un restaurante, donde comíamos con frecuencia. En ese momento no me di cuenta de que sería nuestro último almuerzo juntos en ese lugar tan familiar. Este hombre y su esposa eran buenos amigos nuestros. Todos trabajábamos juntos en el equipo de una gran iglesia en Texas. Personalmente los admiraba como un modelo de pareja cristiana. Trabajaban mucho y estaban involucrados en múltiples ministerios de evangelización. Él era un guerrero de oración y dirigía el grupo de oración intercesora de apoyo para los que ministraban buscando a los perdidos. Cada vez que lo veía, siempre había alguna clase de palabra de estímulo. Nunca lo vi como egoísta; siempre era genuino en su preocupación por los demás, sin importar quiénes fueran. Era humilde y enseñable, y esforzado para caminar en santidad. En aquél momento, si usted me preguntaba «¿Quién es el creyente más ardiente que conoce?», sin ninguna duda mi respuesta hubiera sido: «Él.»

Repentinamente anunció su renuncia al equipo de la iglesia. Había venido a mi oficina con su inusual sonrisa y compartió cómo le habían solicitado que formara parte de un equipo de ventas de una muy buena compañía. El potencial de crecimiento era excelente.

Yo estaba confundido. Aunque la oferta sonaba buena, no podía sacarme de la cabeza el hecho de que este hombre debiera estar en el ministerio. Allí era donde estaba su corazón. En ese momento no dije nada, y me imaginé que él sabría lo que estaba haciendo.

Pocos meses después, escuchamos la terrible noticia. Esta se desparramó en el equipo de la iglesia como fuego. Él y su esposa se habían divorciado. ¡¿Cómo podía ser esto?! Parecían ser muy firmes en su caminar con Dios y en la relación mutua. Pero según lo que se apreciaba, eran muy buenos en ocultar sus profundos problemas matrimoniales. Nadie identificó la gran intensidad de las tensiones ocultas entre ellos. Hasta sus mejores amigos estaban shockeados. Su divorcio se había llevado a cabo en forma rápida y silenciosa.

Frente a él, ahora, en la mesa, le hice la pregunta que me había abrumado desde que supe de su situación.

—¿Cómo sucedió todo esto? —le pregunté en forma directa.

Él sostuvo mi mirada con ojos firmes, pero tristes:

—John, cuando mi esposa y yo estábamos de novios, nuestro anterior pastor nos llamó y profetizó que Dios nos había llamado al matrimonio. Yo era un joven creyente, y amaba a Dios con todo mi corazón. No quería desilusionar a Dios, por lo que me casé con ella aunque no la amaba. Todo el tiempo en que estuvimos casados le rogué a Dios pidiéndole que me diera el amor para con ella que un hombre debe tener por su esposa. Ese amor nunca vino, y poco a poco todo fue más difícil, hasta que no lo pude soportar más. Sé que pequé al divorciarme de ella, pero me sentía sin esperanzas.

Mi corazón se derrumbó y se me fue el apetito. Hacía poco que yo estaba casado, y era también un creyente joven. Este fue mi primer encuentro con una palabra falsa. Miré a mi devastado amigo; la chispa de su mirada se había esfumado. Su aspecto era pesado y solemne. Era como si pudiera discernir una raíz de amargura en él. Muchos amigos se habían apartado. Le manifesté mi aprecio y le aseguré que nunca lo rechazaría.

El hecho de que trabajaba para una compañía secular de ventas y que dejara de asistir a la iglesia dificultó el futuro contacto con él. Surgió una oportunidad para él en otro estado, y se fue unos pocos meses después de nuestro almuerzo.

Más tarde descubrí cómo comunicarme con él y lo llamé. Me compartió que estaba yendo a una iglesia tradicional y que no estaba involucrado para nada en el ministerio. No quería saber más nada de lo que llamaba «cristianismo demostrativo».

A través del tono mesurado de su voz, escuché una fría insensibilidad. Era evidente que el fuego de su alma se había ido, y que él esperaba que mis preguntas no fueran más allá de la cortesía. Había naufragado y su pasión se había ido.

Inutilizado

Hay otro factor en esta trágica historia: es muy posible que, actualmente, el pastor que les dio aquel «Así dice el Señor...», ignore por completo el daño causado en la vida de esta joven pareja. Más que probable, él continúa dando lo que parecieran ser excitantes e inofensivas palabras proféticas a las personas. Pero esto no se limita a él solo. Hay muchos más que dan estas desenfrenadas palabras a individuos, ya sea en un lugar privado, seminarios, iglesias o conferencias proféticas. Hay una seria pérdida de responsabilidad. La mayoría de ellos no se dan cuenta de que están corrompiendo vidas a través de presunciones. Es una tragedia que debe ser confrontada. Debemos atender la advertencia del Señor:

> «*Así ha dicho Jehová de los ejércitos: No escuchéis las palabras de los profetas que os profetizan; os alimentan con vanas esperanzas; hablan visión de su propio corazón, no de la boca de Jehová.*»
>
> —JEREMÍAS 23:16

Dios advierte que esas palabras pueden provenir del corazón de los profetas, no de la boca del Señor. Cuando esto sucede, las palabras dichas tienen el poder de causar que quienes escuchen se conviertan en inútiles. No debemos olvidar que las palabras tienen el poder de sanar o de destruir (Proverbios 18:21). La *Palabra* de Dios tiene el poder de transformarnos para cumplir sus propósitos, mientras que la *palabra* del hombre tiene el poder de destruir este propósito. La palabra hebrea para *inútil* es *habal*. Es una palabra principal, que significa «ser vano en hecho, palabra o expectativa». La Biblia de las Américas dice: «Ellos os conducen hacia lo vano» (Jeremías 23:16). Otras palabras que describen este término hebreo son *inservible* e *infructuoso*. Dios describe cómo la profecía falsa hace inútil a una persona, al decir: «Porque de los profetas de Jerusalén ha salido la corrupción por toda la tierra» (Jeremías 23:15, LBLA). Corromper algo es profanarlo (*Diccionario Webster*). Es tomar algo que una vez fue puro y mezclarlo con lo impuro. La falsa profecía corrompe a la gente, y su profanación los hace estériles e inútiles.

Desafortunadamente, una vez que alguien ha sido corrupto por tales palabras, se ciega a su destrucción hasta mucho después. Por lo general, después que el daño fue hecho.

Un joven ministro corrompido

Hay una preciosa familia que conocemos, cuyos integrantes han estado en el ministerio por cuatro generaciones. El mayor de sus dos hijos se ha casado recientemente con una joven piadosa. Él estaba muy involucrado en el ministerio de sus padres; es muy dotado en el ministerio y en la música. La mano de Dios es muy evidente sobre su vida para continuar la herencia ministerial por la cual su familia ha caminado.

Él y su esposa fueron a las reuniones de una muy conocida profetiza. Se le dio una palabra de que él operaría en una gran sabiduría técnica. La profetiza le dijo que sus habilidades para la ingeniería darían a luz puentes y edificios. Este hombre tenía una mente brillante para la música, pero débil para las matemáticas. No tenía ningún tipo de adiestramiento en construcción o ingeniería.

Él sabía que yo había estudiado ingeniería, y que había trabajado en eso por un tiempo, por lo que me llamó para hablar. Le contó a Lisa, mi esposa, acerca de la palabra que había recibido, y le compartió también su preocupación porque era débil en ciencias y matemáticas, pidiéndole su consejo. Estaba planificando inscribirse en la universidad para tomar algunos cursos. Lisa no estuvo de acuerdo con nada de esto. Ella le expresó su preocupación, advirtiéndole que estaba buscando cumplir una palabra, en lugar de buscar a Dios. Él respondió que estaba descontento con el estudio de grabación, y pensaba que tal vez podría ser excitante ir en otra dirección.

Así que dejó el ministerio y se inscribió en una universidad para estudiar ingeniería. Cuando escuchamos con mi esposa lo que había hecho, nos preocupamos, aunque decidimos mantenernos fuera del asunto.

Los meses pasaron y nos enteramos que esta joven pareja estaba luchando financieramente. Preocupado, lo llamé y me enteré de que si ellos no pagaban su renta en dos días, serían desalojados. Ya se habían mudado otra vez, tratando de ahorrar dinero. Yo estaba escandalizado. Lo confronté acerca de la profecía que había recibido sobre convertirse en un ingeniero, lo cual era algo que, probablemente, debiera haber hecho al comienzo.

Fui muy fuerte con él. Él estaba confundido y vacilante. Sentí que no estaba hablando con el mismo hombre joven de hace una año atrás. Él siempre era brillante y concentrado. Ahora era como si estuviera en una nube. Estaba inseguro, confundido. La confusión, con frecuencia, es el producto de palabras falsas.

Él aludió al hecho de que estaba en un período de transición, buscando una dirección, cuando recibió esa palabra profética. Amaba a sus padres y respetaba el ministerio de ellos, pero la verdad era que Dios lo estaba apartando, para el próximo paso de su vida. Antes de eso, yo podía ver su pasión por involucrarse en el ministerio que sus padres estaban dejando. Estoy convencido de que aquella profecía discernió la inquietud en su alma y habló un atractivo «Así dice el Señor». Por supuesto, ese no era el oráculo del Señor, sino uno que le ofrecía un nuevo comienzo. Sin embargo, ¡no era un nuevo comienzo de parte de Dios!

Le dije, como ingeniero, que para ser honesto no lo veía como tal. Le conté que, cuando supe que él había recibido esa palabra, yo estaba afligido. También le expliqué que si Dios estaba en eso, hubiera habido provisión para él y su esposa.

Él se ablandó, y sentí que estaba a punto de un quebranto emocional bajo la presión que experimentaba. Le dije:

—Oremos juntos, y atemos la confusión, y pidamos la voluntad de Dios.

Él estuvo de acuerdo.

Recuerdo que, mientras orábamos a través del teléfono, una poderosa presencia de Dios llenó tanto mi oficina como su apartamento. Sentí que mi voz se elevaba, fortalecida por el poder de Dios. Entonces escuché al Espíritu Santo decir: «Rompe la adivinación sobre su vida.»

Esto me impactó, puesto que la ministra profética que había dicho eso era muy respetada. Obedecí y quebré la adivinación sobre él. A medida que lo hacía, el poder y la presencia de Dios aumentaron. Lo pude escuchar llorar del otro lado del teléfono.

Cuando terminé, él estaba llorando, y su esposa se estaba regocijando detrás suyo. Al día siguiente le fue dado dinero para que pagaran la renta, y antes de una semana su esposa encontró un buen trabajo en una compañía local. Él también encontró un trabajo. Pocos meses después le fue ofrecida una posición como pastor asociado en una hermosa iglesia en California. Allí era donde Dios los quería, y es allí donde están hasta ahora.

Esta pareja había sido engañada por la adivinación a través de una palabra dada en el nombre del Señor. Usted puede decir: «¡¿*Adivinación?!*» Sí, es correcto. *Adivinación* es la imitación de lo divino.

A través de Ezequiel Dios les dice a los profetas de Israel:

> «*Vieron vanidad y adivinación mentirosa. Dicen: Ha dicho Jehová, y Jehová no los envió; con todo, esperan que él confirme la palabra de ellos.*»
>
> —EZEQUIEL 13:6

La palabra hebrea para *adivinación* es *qecem*. Significa «un oráculo», pero no del Señor. Puesto en palabras sencillas, estos profetas dijeron sus propios oráculos como si fueran de Dios. Pero las palabras no son de Dios sino de ellos. Esta es otra forma de describir la imitación o el engaño de la verdadera palabra profética del Señor.

La adivinación corrompió a esta pareja, y los redujo a un estado de limbo o esterilidad inútil. Nuevamente, recuerde la advertencia de Dios: «No escuchéis las palabras de los profetas que os profetizan; os alimentan con vanas esperanzas; hablan visión de su propio corazón, no de la boca de Jehová» (Jeremías 23:16).

La experiencia de mi esposa

Con mi esposa tomamos profunda conciencia de este engaño cuando recibimos una palabra de parte de un muy respetado profeta. Éramos nuevos en el equipo de un gran ministerio. Este ministro fue traído para ministrar al equipo en el salón de convivios. Nos sentamos en círculo, mientras él iba pasando delante de cada uno, dándole una palabra personal.

Personalmente creo que la práctica de profetizar a cada uno en un grupo pequeño es presuntuosa. Profetizamos de acuerdo a la voluntad del Espíritu de Dios, no cuando lo deseamos. No somos los que decidimos quién recibe el mensaje, sino que Él nos lo dicta a nosotros. El método parece ser muy mecánico y no guiado por el Espíritu.

Cuando llegó hasta donde estábamos, habló palabras elaboradas acerca mío. Todo acerca de lo que dejaría y adónde iría, pero no dijo nada sobre Lisa. Fue como si ella no existiera. Después de que él pasó, yo estaba emocionado. La miré a Lisa y pude percibir que estaba incómoda. Somos un muy buen equipo, por lo que comencé a preguntarme si ella tal vez se estaría sintiendo marginada. Después de la reunión, lo llevé aparte y le pedí que esta vez le profetizara solamente a Lisa.

Él nos sacó del cuarto y nos hizo sentar. Miró a mi esposa y le preguntó de dónde era. Ella contestó:

—Soy de donde es él —señalándome.

Entonces él procedió a decir «lo que el Señor le estaba diciendo sobre ella». La describió como una persona que no puede manejar el estrés muy bien, y que justamente acababa de salir de uno de los tiempos más duros en su vida. Le aseguró que Dios la escondería ahora en el lugar secreto de su presencia, libre de las lenguas contenciosas. Él explicó:

—Serás un barómetro para tu esposo, y en cualquier momento que no puedas manejar más el estrés, será una señal para que John retroceda.

Mientras Lisa y yo salíamos del edificio, me disculpé con ella:

—Creo que no debiera haberle pedido una segunda palabra. Eso no era de Dios.

Pero Lisa estaba perturbada. No solo maneja muy bien las situaciones de estrés, sino que prospera en ellas. Ella me miró perpleja y me dijo:

—Si esa palabra es verdadera, entonces aprenderé a tejer. No voy a ser una desahuciada que te retenga por ponerme a lloriquear para que regreses a casa y me cuides como a un bebé.

Entonces, con extrañeza, me preguntó:

—¿Piensas que, verdaderamente, me pongo mal bajo presión?

Yo le reafirmé:

—Querida, no era Dios. No te preocupes por eso.

Hubo otros errores en la palabra. El último año de nuestro matrimonio había sido maravilloso. Habíamos estado muy unidos y con un solo propósito. Lisa estaba activa con las muchachas de nuestro grupo de jóvenes, y era un gran apoyo y aliento para mí. ¡Las cosas nunca habían estado mejor! Sin embargo, él le dijo que ella acababa de salir de un tiempo extremadamente duro.

Al día siguiente Lisa descubrió que estaba embarazada de nuestro segundo hijo. Pensó: «*Bueno, tal vez este hombre estaba en lo correcto. Tal vez Dios me use para criar hijos, y simplemente me está sacando del campo de batalla.*»

Los nueve meses siguientes de nuestras vidas terminaron siendo los más duros que jamás hayamos enfrentado. Las persecuciones y ataques parecían levantarse de todos lados. El estrés en estos meses era casi insostenible. Lisa cayó en una depresión. Una nube había venido sobre ella, y no se la podía sacudir. Las palabras de la profecía atraparon su memoria. Ahora estaba bajo la clase de presión que se le había declarado. Perdí la fuerza de su apoyo a mi lado, mientras ella trataba de esquivar los dardos.

Justo antes de que Austin naciera, un hombre de Dios vino a nuestra iglesia. Su predicación era enfática, y trajo fuerza y ánimo. Aunque nunca dijo un «Así dice el Señor», sus palabras eran vivificantes y llevaban verdades poderosas y liberadoras. Mientras Lisa escuchaba, estas palabras penetraron más profundo que las mentiras anteriores. La luz de la Palabra de Dios atravesó el velo de oscuridad.

Una noche, poco después de este servicio, ella me dijo:

—John, he estado bajo una nube de depresión desde que me fue dada aquella palabra. Aunque no la creí, he vivido bajo el constante temor y temblor de ella. John, como mi esposo, necesitas quebrar esas palabras en mi vida. Siento que una maldición fue liberada sobre mí, y necesitas reemplazarla con la verdad y la bendición de Dios.

Nos tomamos las manos y, sentados en nuestra cama, oramos hasta que sentimos la guía del Espíritu Santo. Juntos quebramos el poder de aquella palabra, y de la depresión, el temor y la opresión que la habían acompañado. La Palabra de Dios dice:

> *«Ninguna arma forjada contra ti prosperará, y condenarás toda lengua que se levante contra ti en juicio. Esta es la herencia de los siervos de Jehová, y su salvación de mí vendrá, dijo Jehová.»*
>
> —Isaías 54:17

Note que Dios dice «condenarás» las palabras habladas en contra nuestra. Cuando las palabras de falsa adivinación son dichas, llevan con ellas una fuerza espiritual. Esa fuerza continuará atacándonos hasta que rompamos las palabras. Una vez que las palabras son rotas, entonces el poder detrás de ellas se rompe. Trataremos esto con mayor profundidad en el capítulo 15.

Aquella profecía era adivinación, la tornó inefectiva como esposa y apoyo. Trajo tormento y confusión, desplazándola de mi lado durante nueve meses. De no haber enviado Dios a alguien que hablara su verdadera palabra profética, no sabemos por cuánto tiempo hubiera permanecido la opresión. «No escuchéis las palabras de los profetas que os profetizan; os alimentan con vanas esperanzas; hablan visión de su propio corazón, no de la boca de Jehová» (Jeremías 23:16).

Los tres hijos afectados

Conozco un pastor que tiene tres hijos. Cada uno de ellos está sufriendo largos períodos de aridez debido a ese tipo de palabras. Él y su esposa son piadosos, y tienen una creciente iglesia. Lisa compartió el tema de este libro cuando estuvo con ellos. Estuvieron muy de acuerdo con la idea y contaron lo que había ocurrido en las vidas de sus hijos. En esos años habían invitado a la iglesia a unos pocos ministros proféticos conocidos nacionalmente, y todavía estaban sufriendo las consecuencias. Los llamé más tarde para escuchar el relatos de ambos, de primera mano.

Cada hijo fue afectado por una persona profética diferente. Ellos tienen dos hijos y una hija. Al mayor se le dio una palabra de que tendría un ministerio poderoso. Dios lo llevaría a la cima, y sería un gran pastor. Cuando llegó el tiempo de ir a la universidad, el muchacho fue a un seminario. Parecía ser la única cosa que él podría hacer, a la luz de la palabra recibida. Invirtió inútilmente varios meses en ese lugar, puesto que no tenía la pasión interna que viene con el verdadero llamado de Dios. Se gastó mucho tiempo y dinero. Finalmente, el hijo admitió a sus padres que él ni siquiera se sentía llamado al ministerio.

Cuando recibió la palabra, no dijo nada porque no deseaba disgustar ni a Dios ni a sus padres. Se sintió compelido a seguir adelante con eso. El padre admitió que no sintió el llamado sobre su hijo, pero él también estaba renuente a hablar «en contra de la palabra del Señor».

Su madre me dijo:

—Mi hijo pelea con la culpabilidad hasta el día de hoy, porque no siente el llamado para ser pastor de ninguna iglesia.

El muchacho ahora está buscando un trabajo en el área secular. Aunque estas palabras fueron dadas en momentos especiales, llevaron a este muchacho por la árida senda del desánimo. Esos años fueron derrochados, y recién ahora está siguiendo lo que probablemente debiera haber hecho en primer lugar. Aun así, todavía arrastra una falsa culpa.

Volar por Jesús

Al otro hijo se le dijo que volaría aviones para el Señor. Dios lo usaría para transportar obreros, misioneros y materiales para el ministerio, etc. Cuando fue lo suficientemente grande como para trabajar, ahorró su dinero como para financiar las lecciones de vuelo. Gastó en las lecciones todo lo que había ahorrado, pero había un problema. Cada vez que volaba, sufría un tremendo mareo propio del vuelo. Estaba aterrorizado de volar, pero quería ser obediente. Finalmente, y desesperado, fue a su padre y compartió su extremo disgusto por volar, y le preguntó si estaría en desobediencia si dejaba de hacerlo. Su padre lo apoyó y le dijo que estaría en lo correcto si dejaba de asistir a las lecciones, sin embargo el muchacho no pudo sacarse de encima la presión de la palabra, por lo que continuó.

Más adelante, durante su tiempo de entrenamiento sin instructor, él clamó a Dios en el avión: «Señor, odio volar.» En su corazón escuchó la respuesta de Dios: «Está bien. Nunca te dije que lo hicieras.» Esto lo alivió inmediatamente de la presión de cumplir una palabra falsa. Fue necesaria una palabra verdadera para romper el poder de una falsa. Ese fue su último vuelo.

Este engaño duró cinco años. Nuevamente, las palabras dadas en momentos especiales, lo llevaron por el camino del desánimo y la desilusión. Financieramente, ahorró por años para pagar las lecciones de vuelo, por lo que ese dinero se perdió para aprovecharlo en cualquier otra forma de educación. Sufrió agotamiento físico y mental, mientras trataba de hacer algo que odiaba. Por sobre todo, batalló con la culpa por su temor a volar.

Creo que la peor repercusión de estas profecías falsas fue lo que padeció la hija de este matrimonio. Su historia es un ejemplo de la condición del corazón, resultante de cuando las palabras son dichas para apoyar aquellas áreas que Dios quiere, precisamente, crucificar en la Iglesia. Discutiremos este caso en detalle en el próximo capítulo.

«Requiere fortaleza espiritual el rechazar lo que traería felicidad, para abrazar lo que es difícil».

capítulo 9

«Enseñan rebelión a mi pueblo»

En el capítulo anterior aprendimos que las profecías falsas pueden corromper o contaminar la vida de las personas. El nivel de esa corrupción varía. Conozco algunos que han sufrido afecciones físicas por la adivinación. Una bruma de confusión y depresión ha ocultado las emociones de otros. Pero la siguiente consecuencia es la que considero como la más perjudicial o peligrosa. Esto se ejemplifica con lo sucedido a la hija del pastor del cual hablé en el capítulo anterior.

«El dinero será puesto en tus manos»

La muchacha estaba viviendo afuera de la casa, en la universidad. Se encontraba en medio de un semestre muy difícil. Una profetiza muy conocida le dio la siguiente palabra:

—No tomes un trabajo de verano; no trabajes. Dios se ocupará de que la gente te dé dinero.

También le dijo que Dios deseaba que ella «estuviera en un continuo nivel emocional alto», y que no debía escuchar a nadie que le dijera que viviera una vida cristiana balanceada.

En las palabras de su madre, «esto provocó mucha confusión, ya que ella lucha con la depresión y rara vez está en un "continuo nivel emocional alto"». La palabra le causó un conflicto a sus padres. La ética escritural de trabajo de ellos no se condice con una vida sin trabajo, pero ahora su hija se escudaba en la palabra recibida. Aunque había sido sumisa a sus padres, ahora había cambiado. Tal como su madre lo dijo, «ella realmente se rebeló contra nosotros como padres todo el verano, negándose a trabajar. Terminó quebrada financieramente, puesto que nadie le puso dinero en sus manos, en especial nosotros».

Esta profecía hizo que la muchacha se sintiera como en un nivel especial, en una elite. Alimentó una área de orgullo en su vida. «Dios la favoreció tanto que no deseaba que trabajara, sino que disfrutara de ella misma, mientras otros lo hacen para mantenerla.» Pero el verano pasó, y el origen o raíz de la palabra quedó a la luz. La profecía no era de Dios. Las Escrituras nos dicen que la lengua «siendo uno de nuestros órganos, contamina todo el cuerpo y, encendida por el infierno, prende a su vez fuego a todo el curso de la vida» (Santiago 3:6, NVI).

Cuando estamos de acuerdo con —y las recibimos— palabras que nos apelan, pero no provienen de Dios, abrimos nuestras vidas al engaño y la ruina. Santiago dijo que esas palabras son encendidas por el mismo infierno. Es por esto que Dios nos advierte severamente: «No escuchéis las palabras de los profetas que os profetizan; os alimentan con vanas esperanzas; hablan visión de su propio corazón, no de la boca de Jehová» (Jeremías 23:16).

Estas falsas palabras proféticas minaron años de santa y paciente labor paterna. La rebelión fue fortalecida por una ética antibíblica, sin mencionar el mal ejemplo que se asentó ante toda la iglesia y las amistades de la hija del pastor.

Algunos de ustedes, a esta altura, pueden estar preguntándose: ¿Y qué acerca de los profetas jóvenes, quienes están desarrollando sus dones? ¿Tal vez los han perdido? En respuesta, debemos recordar que los verdaderos profetas no hablan de acuerdo a sus propias ideas, sino que lo hacen cuando el Espíritu Santo viene sobre ellos. El Espíritu de Dios no está «en adiestramiento», y Él sólo habla lo puro y verdadero. El error viene cuando hablamos sin que Él lo haga, o al quedar callados cuando Él está hablando. Hasta Saúl, en todo su tormento, dio una palabra verdadera cuando estaba tomado por el Espíritu (1 Samuel 19:24). Samuel, cuando era sólo un niño, dio una profecía pura y completamente adecuada en su primera vez (1 Samuel 3). No tuvo que *crecer en el don*.

La falsa profecía promueve la rebelión

Con mucha frecuencia, la corrupción profética trae rebelión. Una buena ilustración de esto se encuentra en el libro de Jeremías. Judá se había convertido en una nación de gente codiciosa. Ya no seguían más los estatutos y juicios de Dios. Se habían desviado de seguir al Dios vivo, apartándose del camino de sus fieles padres. Buscaron el confort y los placeres que ofrece este mundo. Durante todo ese tiempo ellos creían que estaban en correcta relación con el Señor, pero vivían de acuerdo a los dictados de sus propios corazones. Entonces se pararon delante de Él en el templo y proclamaron: «"Estamos a salvo" [la Biblia Amplificada dice: "¡somos liberados!"], para luego seguir cometiendo todas estas abominaciones» (Jeremías 7:10, NVI).

Dios los amonestó a través de los profetas, pero sus voces eran pequeñas en medio de una mayoría que proclamaba prosperidad y paz a un pueblo codicioso. Jeremías fue una de las últimas voces de advertencia antes de que el juicio de Dios cayera sobre ellos. Pero no escucharían, porque la idolatría en sus corazones había sido fortalecida por las palabras de adivinación y adulación. Sus caminos fueron determinados y sus corazones endurecidos por los numerosos profetas de «paz y prosperidad». El juicio era inminente.

La primera ola de juicio vino cuando el rey de Babilonia, Nabucodonosor, tomó cautivo al rey de Judá y puso a otro para que gobernara en su lugar. Él llevó al rey y a muchos otros a Babilonia, junto con artículos valiosos de la Casa del Señor. Aun así, esto no cautivó la completa atención de ellos.

Pasaron unos años y, en obediencia a la palabra del Señor, Jeremías se puso un yugo de madera, simbolizando el grado del juicio a Israel bajo Nabucodonosor. El profeta habló estas palabras del Señor al rey de Judá y a la gente: «Doblen el cuello bajo el yugo del rey de Babilonia; sométanse a él y a su pueblo, y seguirán con vida» (Jeremías 27:12, NVI). No es exactamente esto lo que ellos deseaban escuchar, pero pronto tuvieron la palabra que sí esperaban. Vino a través de Hananías, un profeta de Gabaón. Él habló en el templo, en presencia de los sacerdotes y del pueblo, en contra de la profecía que Jeremías había dado. Dijo: «Así habló Jehová de los ejércitos, Dios de Israel, diciendo: Quebranté el yugo del rey de Babilonia. Dentro de dos años haré volver a este lugar todos los utensilios de la casa de Jehová, que Nabucodonosor rey de Babilonia tomó de este lugar para llevarlos a Babilonia, y yo haré volver a este lugar a Jeconías hijo de Joacim, rey de Judá, y a todos los transportados de Judá que entraron en Babilonia, dice Jehová; porque yo quebrantaré el yugo del rey de Babilonia» (Jeremías 28:2–4).

Estoy seguro de que estas palabras proféticas fueron muy bien recibidas por el pueblo. Trajeron edificación y comodidad. Prometieron las bendiciones de la restauración. Hablaron amablemente a aquellos que habían sufrido pérdidas, y les aseguraron el cumplimiento de las promesas de Dios. Ya me imagino a la mayoría del pueblo alabando a Dios y algunos hasta llorando de gozo.

Solo la respuesta de Jeremías fue diferente. En lugar de regocijarse, confrontó al profeta. «Los profetas que nos han precedido profetizaron guerra, hambre y pestilencia contra numerosas naciones y grandes reinos. Pero a un profeta que anuncia paz se le reconoce como profeta verdaderamente enviado por el Señor, sólo si se cumplen sus palabras» (Jeremías 28:8, 9, NVI). *La Biblia al día* dice:

«De modo que al profeta que prediga paz le corresponde demostrar que Dios realmente lo ha enviado. Únicamente si su mensaje se cumple se sabrá que realmente procede de Dios.»

Los profetas que profetizan paz y prosperidad son reconocidos como verdaderos si sus predicciones se cumplen. ¡Si se implementara, este estándar eliminaría muchas preguntas hoy día! ¿Por qué no había los mismos estándares para los profetas que profetizaban guerras, desastres y plagas? La razón es que, si había arrepentimiento, con frecuencia el desastre era revertido o pospuesto. Vemos esto con Nínive, cuando Jonás les advirtió del juicio proveniente en cuarenta días. Ellos se arrepintieron y el juicio fue revertido. Esto no hizo de Jonás un falso profeta, sino que revela a Dios como misericordioso.

Después de que Hananías escuchara las palabras de Jeremías, tomó enfáticamente el yugo del cuello de Jeremías y lo rompió delante del pueblo. Entonces, declaró: «Así ha dicho Jehová: de esta manera romperé el yugo de Nabucodonosor rey de Babilonia, del cuello de todas las naciones, dentro de dos años.» Después de esta exposición, Jeremías dejó el templo.

Entonces, la palabra del Señor vino a Jeremías, diciendo: «Vé y habla a Hananías, diciendo: Así ha dicho Jehová: Yugos de madera quebraste, mas en vez de ellos harás yugos de hierro» (Jeremías 28:12, 13). Él continuó diciendo, por la palabra del Señor, cómo Dios le había dado dominio a Nabucodonosor. Jeremías le dijo a Hananías el profeta:

«Morirás en este año, porque hablaste rebelión contra Jehová.»
—JEREMÍAS 28:16

¿De qué forma las palabras de paz y restauración de Hananías enseñaron rebelión? Dios le había dicho al pueblo que se sometiera a Nabucodonosor. Les dijo que construyeran casas y que planificaran permanecer allí. Él les dijo que plantaran jardines, que se casaran y tuvieran hijos y nietos. Les dijo que se multiplicaran y que no disminuyeran. Les dijo que oraran pidiendo paz y prosperidad para sus captores, y que entonces ellos también disfrutarían paz (Jeremías 29:4–7). Usted vivirá de una forma si está en una ciudad sólo por dos años, y de otra muy diferente si sabe que estará allí por sententa. La palabra que Hananías dio causaría que ellos se comportaran de la forma opuesta a la que Dios deseaba.

Con frecuencia limitamos nuestro entendimiento de rebelión al comportamiento de los adolescentes o a los prominentes hechos de maldad. Ha sido mi experiencia que la mayoría de las formas engañosas de rebelión son agradables o de apariencia religiosa. Nunca olvidaré cómo Dios me enseñó esto cuando la princesa Diana, de Inglaterra, murió en un accidente automovilístico. Muchos lamentaban su muerte. Yo también estaba triste. Ella parecía buena y había hecho una gran obra de caridad en la vida pública. Pero en mi pena, sentía el error.

Le pregunté al Señor por qué me sentía de esta forma. Dios me mostró en el libro de Apocalipsis, cómo los habitantes de este mundo y sus líderes harían luto y llorarían por la muerte de la mujer llamada «Babilonia» (Apocalipsis 17:2; 18:1–19). Ella había llevado prosperidad y éxito, por lo tanto estaban tristes por su muerte. Aun así, en el mismo libro, dos profetas de Dios que predican justicia serán muertos, y aquellos que habitan en la tierra se regocijarán sobre eso, y harán fiesta (Apocalipsis 11:1–10).

El mundo se lamenta por la muerte de Babilonia, pero se regocija por la de los profetas. Vi una medida de esto en la muerte de Diana. Tanto grandes como pequeños hacían duelo. Entonces pensé acerca de su vida privada. Ella misma admitió que había tenido varios escapes extramatrimoniales, así como otras formas de vida no santas.

Entonces pensé: «*Pero Señor, ella hizo mucho bien.*» No me di cuenta de que el *bien* puede a veces servir a una agenda para beneficio propio.

Dios dijo algo a mi corazón que cambió mi punto de vista drásticamente. «John, Eva no fue apartada del *mal* en el árbol del bien y del mal. Fue apartada del bien.»

Ensayé el versículo en mi mente: «Y vio la mujer que el árbol era bueno para comer, y que era agradable a los ojos...» (Génesis 3:6).

Luego Dios me dijo estas palabras que nunca olvidaré: «John, hay un bien que es muy rebelde a mi autoridad.»

Entonces me di cuenta de que hay una rebelión «mala» y una «buena». Ambas, sin embargo, son rebelión, y ambas están enfrentadas a la autoridad de Dios. La mayoría en la iglesia nunca caerá en la mala rebelión. El abuso de drogas, el crimen organizado, las fiestas mundanales son muy obvias. Pero hoy muchos en la iglesia pueden estar influenciados con la buena rebelión... Eva lo fue. Ella no fue tentada a ser como Satanás, sino como Dios.

La profecía de Hananías de restauración y paz parecía ser buena, y su palabra podía ser confirmada a través de la escritura encontrada en la Torá —aunque no aplicada correctamente. Aun así, no era lo que Dios estaba diciendo. Mirándolo desde nuestra posición, es fácil ver por qué no agradaba a Dios. «Ahora se ve distinto», ellos pueden afirmar, «con una visión al 100%, especialmente cuando tienes el beneficio de leer en la Biblia el punto de vista de Dios». Debemos recordar que esa gente no tenía una comprensión *a posteriori*. Creían realmente que estaban bien con Dios. Fueron engañados y, por lo tanto, eran blancos fáciles para la corrupción futura y la rebelión, a través de las palabras proféticas falsas. Después del juicio, una visión *a posteriori*, dice:

«Tus profetas te anunciaron visiones falsas y engañosas.
No denunciaron tu maldad; no evitaron tu cautiverio.
Los mensajes que te anunciaron eran falsas patrañas.»
—Lamentaciones 2:14, nvi

No solo fueron afectados los rebeldes descarados, sino también los otros numerosos habitantes que vivían en Jerusalén en la misma época. Algunos eran jóvenes, algunos estaban heridos, otros no habían sido instruidos en los estatutos del Señor. Eran presas fáciles para el engaño. Los falsos profetas tuvieron un gran impacto sobre esta gente. Si ellos hubieran proclamado arrepentimiento y justicia podrían haber guiado a muchos de regreso a Dios. Pero sus falsos oráculos de paz, restauración y prosperidad tuvieron el efecto opuesto. Esto influenció a algunos a rebelarse, mientras que fortaleció la rebelión ya presente en otros. Es por eso que Dios le dice a Hananías:

« ... hablaste rebelión contra Jehová»

—JEREMÍAS 28:16

Es exactamente esto lo que la palabra dada hizo en la hija del pastor. Ella era joven y fácilmente influenciable, especialmente por alguien con un muy bien conocido y respetado ministerio. Aunque la palabra parecía espiritual y la hizo sentirse muy bien, alentó la rebelión y la llevó por mal camino, lejos de la autoridad de sus padres.

¿Un profeta insubordinado?

Hemos examinado un número de ejemplos en los cuales la rebelión fue sembrada por «palabras proféticas». La razón para su frecuente y aparente éxito es esta: una vez que la palabra es dada, apelando a los deseos de descontento o codicia, es muy difícil para ellos rechazarla. Requiere fortaleza espiritual el rechazar lo que traería felicidad, para abrazar lo que es difícil. Con frecuencia, los caminos de Dios no traerán en un principio —o tal vez nunca lo hagan— placer y confort a nuestra carne. Jesús dice:

« ... *porque estrecha es la puerta, y angosto el camino que lleva a la vida, y pocos son los que la hallan».*

—MATEO 7:14

Cuando servía como pastor asociado en los ochentas, conocí a un hombre casado que tenía dos hijos varones. Estaba en todas las reuniones de la iglesia, y siempre ansioso por hablar acerca de las cosas de Dios. Parecía muy apasionado por el Señor. Él había sido puesto en una posición de servicio que lo habría ayudado a desarrollar cualquier llamado en su vida. Sin embargo, no cumplía casi ninguna tarea que se le asignara. Sólo hacía las cosas que le daban reconocimiento o la plataforma para hacer lo que más deseaba. Mientras el tiempo pasaba, noté áreas en su vida que eran alarmantes. Era extremadamente duro y demandante con su esposa e hijos.

Lo confronté unas pocas veces acerca de su vida personal y su falta de compromiso cuando se le pedía que hiciera cosas que no eran glamorosas, pero no escuchó. Su compromiso menguó grandemente, y finalmente me compartió que le había sido dada una palabra profética de que él era un profeta. Esto explicó su rebeldía. ¿Por qué a un poderoso profeta se le pediría sujeción a la autoridad de un pastor local? Él sólo se sometía cuando estaba de acuerdo con lo que se le solicitaba. ¡Y esa no es su misión! Renunció a su trabajo y dejó el grupo de la iglesia para seguir su ministerio. Se negó a trabajar y no encontró ningún lugar de descanso, por lo que iba de grupo en grupo.

Con el tiempo, se hizo más áspero y testarudo, hasta que unos pocos meses después la policía fue llamada a su casa. No se levantaron cargos, pero me dio la oportunidad de hablar con él. Lo confronté con los temas de su vida con los cuales debía tratar. Le advertí que no debía continuar mientras no se sometiera a un pastor. Le dije que mientras eso no sucediera, ningún llamado sobre su vida prosperaría.

Esto lo enojó grandemente. Su rebeldía fue crecientemente abierta. Le dijo a la gente que su ministerio sería muy conocido, no importa lo que yo le hubiera dicho. Me advirtió que un día yo estaría en la plataforma con él, y debería disculparme. (Esto, según una palabra que le fuera dada.) Han pasado diez años. Su esposa e hijos lo abandonaron, y ahora están divorciados.

La «palabra profética» que le habían dado era agradable y prometía reconocimiento. Estoy seguro que se regocijó cuando fue proclamado profeta del Señor. Pero, ¿cuál fue el fruto? Esto fortaleció la rebelión en su vida, y trajo una cosecha de orgullo e insubordinación. No pude ayudarlo más; ya no escuchaba más consejos de las Escrituras. Se convirtió en ley para él mismo. ¡Era un profeta que no se sometía a nadie! Qué tristeza.

La actitud que nos preserva del mal camino

Quiero repetir este punto. Sólo un discípulo de Jesús rechaza lo que le traería felicidad y reconocimiento para abrazar lo que es difícil. La vida de un creyente nunca es fácil, y aquellos que buscan comodidad y reconocimiento están destinados al error. Fácilmente pueden descarriarse hacia la rebelión, en especial si está etiquetado con un «Así dice el Señor».

Moisés es un ejemplo de alguien que abrazó la verdad por encima del confort y el reconocimiento. Su testimonio permanece como un ejemplo a los creyentes neotestamentarios. Se nos cuenta que rechazó los placeres y riquezas temporales de Egipto, y eligió sufrir la aflicción junto con el pueblo de Dios. Pensó que era mejor sufrir por el bien del Mesías que poseer las recompensas del egoísmo. (Ver Hebreos 11:25, 26.)

Pablo hizo una declaración que debiera ser enseñada a cada nuevo creyente: «Porque a vosotros es concedido a causa de Cristo, no sólo que creáis en él, sino también que padezcáis por él» (Filipenses 1:29). En su primer viaje como apóstol a los gentiles, ministró en cuatro ciudades de Asia antes de regresar a su iglesia local. Las cuatro ciudades eran Antioquía, Iconio, Listra y Derbe. Una vez que él y su equipo salieron de Derbe:

« ... volvieron a Listra, a Iconio y a Antioquía, confirmando los ánimos de los discípulos, exhortándoles a que permaneciesen en la fe, y diciéndoles: Es necesario

que a través de muchas tribulaciones entremos en el reino de Dios.»

—Hechos 14:21, 22

Note que él no fortaleció a estos nuevos creyentes con un seminario de prosperidad y éxito. Ni les habló de las bendiciones que estaban disponibles para ellos. Teniendo en cuenta que eran sus palabras finales, seguramente las escogió con cuidado. No sabía si podría regresar, y quería irse dejándoles palabras que los guardaran del engaño. Quería que tuvieran un enfoque correcto. «No busquen las oportunidades para la prosperidad y el confort», les estaba diciendo Pablo. «Sino, en lugar de eso, esperen pruebas y tiempos duros en su viaje con Dios.»

La actitud de Pablo se ve al escribirle a los creyentes de Corinto: «Por eso me regocijo en debilidades, insultos, privaciones, persecuciones y dificultades...» (2 Corintios 12:10, nvi). ¿Es esta la actitud que escuchamos en la actualidad? ¿Nos deleitamos en estas cosas? A causa de su devoción pura hacia Jesús, era capaz de resistir cualquier consejo o profecía que lo pudiera desviar de la obediencia.

Cuando Agabo profetizó que Pablo sería encadenado y entregado a los gentiles en Jerusalén, creó un gran revuelo entre sus compañeros y los otros creyentes presentes:

«*Al oír esto, le rogamos nosotros y los de aquel lugar, que no subiese a Jerusalén. Entonces Pablo respondió: ¿Qué hacéis llorando y quebrantándome el corazón? Porque yo estoy dispuesto no sólo a ser atado, mas aun a morir en Jerusalén por el nombre del Señor Jesús. Y como no le pudimos persuadir, desistimos, diciendo: Hágase la voluntad del Señor.*»

—Hechos 21:12–14

La devoción pura a Jesús nos guardará de recibir palabras que nos enseñan rebeldía y nos llevan por mal camino. Compare a

Pablo con nuestro tiempo presente. Hoy muchos dejan iglesias, equipos ministeriales u otras áreas donde Dios los ha ubicado, porque tuvieron la palabra de un compañero creyente o profeta. Estas palabras, por lo general, comienzan diciendo cuán grande es el llamado en las vidas de ellos, confirmando la importancia de ellos para el Reino. Con frecuencia, estas palabras vienen cuando están experimentando dificultades, presiones, aridez en sus lugares o posiciones presentes. Esto los hace receptivos al instante de recibir la palabra. El profeta capta esto y lo maneja, con frecuencia primero a través de la solidaridad, seguida por el ánimo y el estímulo; son palabras que dicen exactamente lo que ellos quieren oír. Eso los saca del descontento y los ubica en el éxito, el reconocimiento o la comodidad. Confundimos esto como una promoción del Señor, cuando con frecuencia es el camino fácil hacia la desobediencia.

Muchas veces la rebelión es un engaño sutil. Sólo la apreciamos cuando es patente. Pero también se encuentra en el terco o el voluntarioso. Sin saberlo, muchos discípulos están cayendo de bruces en el hoyo de la insubordinación. En los próximos capítulos examinaremos con gran claridad cómo esto opera sin restricción.

capítulo 10

El funcionamiento de Jezabel

Era un sábado a la tarde, en el verano de 1997. Me estaba preparando para ministrar el domingo a la mañana. En oración, el Señor dijo: «Vé al libro de Apocalipsis capítulo 2.» Cuando lo hice, vi que se trataba de la iglesia de Tiatira, y leí acerca de una mujer llamada Jezabel. Estaba fuertemente impresionado de que debía ministrar sobre estas líneas.

No obstante, no me sentí muy emocionado acerca de este tema. Traté de evitarlo, pidiéndole al Señor otro tópico que tal vez quisiera que tratara. No quería hablar sobre este tema porque, con frecuencia, se lo predica como una forma de control o abuso. Muchos de los que predican sobre lo que se ha dado en llamar «el espíritu de Jezabel» lo usan para derribar a las mujeres en la iglesia. Sabía que esto no era lo que Jesús estaba comunicando. Finalmente, después de algunas luchas con mis emociones, me sometí a su guía y recibí su mensaje para la mañana siguiente. Admito que lo que Él me reveló cambió mi pensamiento.

El mensaje aplicado en la actualidad

Primero, hablemos sobre esta carta dirigida a la iglesia de Tiatira. Era una iglesia histórica en Asia, en el período en que las Escrituras del Nuevo Testamento estaban siendo escritas. El mensaje fue dirigido a sus precisas circunstancias. Sin embargo, Dios nunca la habría permitido en las Escrituras si no tuviera una aplicación presente o profética. Por lo tanto, creo, tiene algo para nosotros.

Aunque contiene especificaciones tales como el nombre de una iglesia y el de una mujer en particular, no se limita a esos detalles. El mensaje del Señor y el contexto pueden aplicarse a un hombre o grupo de personas tan fácilmente como a una mujer. No creo que el género sea el tema aquí; la importancia se encuentra en lo que esta mujer estaba haciendo. El engaño en el cual ella operaba molestó y enojó al Señor tan profundamente que Él lo señaló a todos. En esto reposa el mensaje profético para nosotros hoy.

Leamos desde el principio:

«Y escribe al ángel de la iglesia en Tiatira…»
—Apocalipsis 2:18

Si estudia la forma en que Jesús comienza cada mensaje a las siete iglesias, encontrará «y escribe al ángel de la iglesia…». Para entender lo que estos ángeles son, necesitamos examinar el texto original. La palabra griega para *ángel* es *aggelos*. Significa «un mensajero». Es la misma palabra usada para describir a Juan el Bautista. «He aquí yo envío mi mensajero [*aggelos*] delante de tu faz, el cual preparará tu camino delante de ti» (Marcos 1:2).

Jesús dirige cada uno de sus mensajes a las siete iglesias a través de un *aggelos*. Así como Dios envió un mensaje a su pueblo a través de su profeta Juan, antes de la primera venida de Jesús, creo que el meollo de su mensaje a la Iglesia antes de su segunda venida, se encuentra en estas siete cartas.

No es un mensaje para una iglesia muerta

Veamos específicamente a esta iglesia de Tiatira:

> *«Y escribe al ángel de la iglesia en Tiatira: el Hijo de Dios, el que tiene ojos como llama de fuego, y pies semejantes al bronce bruñido, dice esto: Yo conozco tus obras, y amor, y fe, y servicio, y tu paciencia, y que tus obras postreras son más que las primeras.»*
> —APOCALIPSIS 2:18, 19

Quiero señalar que esta iglesia abundaba en obras y amor cristianos. Estaban activos en el servicio y su fe y paciencia eran reales. En referencia a los trabajos, eran más activos que cuando comenzaron. Así que inmediatamente vemos que no le estaba hablando a una iglesia muerta. Esta iglesia era un cuerpo de creyentes vivo y activo, trabajando duro en las cosas de Dios. En lenguaje común y corriente, describiríamos a esta iglesia como «que está a la vanguardia de lo que Dios está haciendo. Alcanza a los perdidos, tiene una gran enseñanza, y los dones del Espíritu están operando en ella». Este mensaje no es para iglesias o creyentes muertos. Es una advertencia específica para los vivos.

Note que Jesús es descrito como uno con «ojos como llama de fuego». Esto denota una intensa habilidad para ver a través de cualquier oscuridad o velo externo al verdadero corazón del asunto. Escrito hoy, el versículo compararía sus ojos con el láser. Ellos atraviesan lo natural y obvio para exponer la raíz misma o el motivo. Según las apariencias, a esta iglesia no le faltaba nada. Sin discernimiento, este cuerpo de creyentes podría aparecer como intachable, pero Jesús pasó por alto los grandes trabajos de su cuerpo y señaló un defecto muy peligroso. Él advirtió:

«Pero tengo unas pocas cosas contra ti: que toleras que esa mujer Jezabel...»

—APOCALIPSIS 2:20

Inmediatamente reconocí el nombre *Jezabel*. Hice lo que siempre he hecho, y salté hasta 1 Reyes, para leer el relato de la reina Jezabel, esposa de Acab, rey de Israel. En el pasado, cada vez que había estudiado o escuchado a alguien enseñar sobre el «espíritu de Jezabel», la mayoría del contenido venía de esta reina en el Antiguo Testamento. Esta vez, mientras daba vuelta mis páginas, escuché al Espíritu de Dios preguntándome: «John, ¿por qué estás yendo a esta mujer para aprender lo que le estoy diciendo a esa iglesia?»

Me detuve y pensé: *«Bueno, se supone que es lo que tengo que hacer. Es lo que todos los demás hacen. Así es como aprendemos el funcionamiento de este espíritu.»*

El Señor me preguntó nuevamente: «John, si quieres aprender acerca de José, el padrastro de Jesús, ¿irías al libro de Génesis y estudiarías sobre José, el hijo de Jacob?»

Confundido, respondí: «No.»

Entonces el Señor dijo: «El José del Génesis y el del Nuevo Testamento no tienen nada en común, excepto el nombre y su origen judío. De la misma forma, la Jezabel de 1 y 2 Reyes no tiene nada que ver con la del libro de Apocalipsis. John, todo lo que necesitas conocer acerca del funcionamiento de esta mujer en Tiatira está en Apocalipsis. La otra Jezabel, la del Antiguo Testamento, solamente ensombrecerá y traerá confusión al tema.»

Cuando escuché esto, estaba emocionado porque ahora lo vería desde la perspectiva correcta. Regresé a Apocalipsis, y nuevamente leí las palabras de Jesús a esta activa iglesia. Tal como me lo imaginé, todo el escenario tenía una luz diferente cuando el énfasis estaba sobre la reina del Antiguo Testamento. Desde entonces, Dios ha revelado progresivamente más acerca de cómo este espíritu engañador trabaja a través de hombres y mujeres, trayendo engaño a la Iglesia.

Jezabel en la Iglesia

Miremos el mensaje de Jesús a esta dinámica iglesia. Tengamos en mente que nos estamos enfocando en los *principios*, no en los detalles. Miremos a lo que Él nos está diciendo a nosotros hoy.

> *«Pero tengo unas pocas cosas contra ti: que toleras que esa mujer Jezabel, que se dice profetiza, enseñe y seduzca a mis siervos a fornicar y a comer cosas sacrificadas a los ídolos.*
>
> *Y le he dado tiempo para que se arrepienta, pero no quiere arrepentirse de su fornicación. He aquí, yo la arrojo en cama, y en gran tribulación a los que con ella adulteran, si no se arrepienten de las obras de ella.»*
> —APOCALIPSIS 2:20–22

Hay varios puntos clave que necesitamos reconocer. En este capítulo nombraré e introduciré cada punto brevemente. En los próximos capítulos cubriremos estos puntos en profundidad. Los primeros dos puntos no están nombrados en orden de aparición en el versículo, por el bien de la claridad y el énfasis.

«...que se dice profetiza...»
Después de haber sido llevado lejos de la Jezabel del Antiguo Testamento, regresé a este pasaje y las palabras saltaban de la página, impactando mi espíritu. Las reconocí como piezas principales en un rompecabezas de error preparado por esta dama. Ella había asumido una posición de ministerio: la de profetiza, sin que Dios la pusiera en este oficio.

«...tengo unas pocas cosas contra ti:
que toleras que esa mujer Jezabel...»
Esta iglesia le permitió que ministrara como profetiza, aunque Jesús dijo que no la reconocía como tal. Nos exponemos a los problemas cuando la iglesia *tolera* lo que Dios no ha ordenado.

«... enseñe...»

La palabra griega para enseñar significa, simplemente, «impartir instrucción o inculcar doctrina». Esto puede ser complementado por el ejemplo (a través del estilo de vida) o la comunicación escrita o verbal.

«... y seduzca...»

La palabra griega para *seducir* es *planao*. Está definida como «causar extravío, guiar por mal camino, guiar fuera del camino correcto». Puede ser también traducido como «engaño». La misma palabra fue usada por Jesús en Mateo 24:4: «Mirad que nadie os *engañe*.» De hecho, esta palabra aparece cuarenta y siete veces en el Nuevo Testamento, y mayormente se la traduce por *engaño*. Veamos a quiénes engañó ella con su ministerio.

«... a mis siervos...»

La palabra griega para *siervos* es *doulos*, la palabra que Pablo, Pedro, Santiago y otros de los discípulos del Señor utilizaron para ellos mismos. En el contexto de las Escrituras, significa «uno que, voluntariamente, se ha hecho esclavo de devoción al Señor Jesús». El falso ministerio profético de esta mujer engañó a aquellos que con ahínco seguían y servían al Señor Jesús. Recuerde que Jesús advirtió que, en los últimos días, los falsos profetas se levantarían y engañarían, de ser posible, a sus mismos elegidos.

Nunca terminaremos de enfatizar lo suficiente sobre este punto. La falsa profecía es tan engañosamente cercana a la realidad, que apunta a aquellos que tienen un fuerte compromiso hacia el Señor.

«... a fornicar y a comer cosas sacrificadas a los ídolos...»

La palabra griega para *fornicación* es *porneuo*. Esta palabra es definida por el *Diccionario Griego de Thayer* como «darse a uno mismo a un coito ilegal.» Más adelante es definida como «darse a la idolatría, la adoración de los ídolos; o permitirse a uno mismo ser arrastrado a la idolatría».[4] Jezabel estaba llevando a los verdaderos siervos del Señor a la idolatría, a través de cierta forma de seducción o engaño.

Que la fornicación fuera física o espiritual, no es el tema principal aquí. A través de la Biblia Dios usa términos de inmoralidad sexual para describir la idolatría infiel de Israel. Él dice que Judá contaminó la tierra, y «adulteró con la piedra y con el leño» (Jeremías 3:9). En Ezequiel 6:9 Dios describe su dolor por su pueblo: «Porque yo me quebranté a causa de su corazón fornicario que se apartó de mí, y a causa de sus ojos que fornicaron tras sus ídolos...» Entonces en Ezequiel 23:37 dice: «...han fornicado con sus ídolos...» En el Nuevo Testamento los creyentes que buscaban una relación con el mundo son comparados a las «almas adúlteras» (Santiago 4:4). Estas son solo unas pocas referencias. De ellas es obvio que el adulterio de Jezabel no se limita al sexo físico.

La definición más amplia de adulterio es también sugerida por la terminología que Jesús usa para describir las consecuencias del ministerio de Jezabel. «He aquí, yo la arrojo en cama, y en gran tribulación a los que con ella adulteran, si no se arrepienten de las obras de ella.» Esta mujer tenía influencia a gran escala, suficiente como para que Jesús llamara la atención a su engañosa influencia. No creo que cada uno de aquellos a los que sedujo compartió en realidad una cama física con ella. Note que Él dice que aquellos que cometieron adulterio con ella debían arrepentirse de las obras, más que de la inmoralidad sexual.

No nos enfoquemos aún en lo físico, sino vayamos a la raíz o fuente. Un creyente que comete fornicación sexual ya ha cometido fornicación espiritual. Lo espiritual precede y lleva a lo físico. A la inversa, el que comete fornicación espiritual no necesariamente la comete en lo sexual. Hay creyentes que ni soñarían en cometer adulterio físico o fornicación. Han tomado la decisión de no hacerlo jamás. Ellos podrían sentirse exentos de estas palabras

---

4. *The Online Bible Thayer's Greek Lexicon*, Woodside Bible Fellowship, Ontario, Canadá, 1993. Con permiso del Institute for Creation Research.

de Jesús, debido a la ausencia de inmoralidad física. No obstante, un buen número de esos cristianos pueden haber caído fácilmente en adulterio espiritual o idolatría a causa de su falta o rechazo de conocimiento. Esta es la raíz a la que Jesús se está refiriendo.

La profundidad del engaño de Satanás

Aunque nuestra sociedad y nuestras iglesias difieren de aquellas en los tiempos de Jezabel, el motivo detrás de lo que esta mujer estaba haciendo permanece intacto. La idolatría, actualmente, toma diferentes formas, sin embargo las mismas fuerzas, aún, se esconden detrás de ella. Creo que esa es la razón por la cual encontramos este relato en las Escrituras. ¡Es una advertencia profética que, verdaderamente, se aplica a nosotros!

En las primeras etapas de este libro escuché al Señor decir: «Encontrarás resistencia al escribirlo, porque expone una gran irrupción del enemigo en mi Iglesia.»

Cuestioné esto, pensando: «*Seguramente no es verdad. Hay otras formas que el enemigo ha desarrollado y que son más efectivas.*» Entonces leí lo que el Señor dice acerca del falso ministerio profético:

> «*En cuanto a los demás de Tiatira que no han seguido estas falsas enseñanzas (que algunos llaman profundas verdades pero que no son más que profundidades de Satanás), no les pediré nada más; pero retengan firmemente lo que tienen hasta que yo vaya.*»
> —APOCALIPSIS 2:24, 25, BD

Me di cuenta de la gravedad de este falso ministerio. Jesús llamó a estas enseñanzas las «profundidades de Satanás». En los próximos capítulos examinaremos más de cerca cuán dañino puede ser el asumir la posición de un profeta sin el nombramiento divino.

capítulo 11

Nombramiento propio o divino

En los ochentas yo era uno de los once asistentes del pastor en el equipo de una iglesia de aproximadamente 7000 miembros. Durante una de las reuniones del equipo, se planteó la situación de cierto hombre en la iglesia. Aunque no había sido miembro por mucho tiempo, cada uno de nosotros lo conocíamos por su intensa actividad. Se sentaba en la sección de adelante, asistía fielmente a las reuniones de oración, y era muy activo en el ministerio de los jóvenes adultos. Parecía ser que dedicaba mucho tiempo a la oración, al estudio de la Palabra y a la asistencia a la iglesia. Pero algo en él no andaba bien.

En la reunión, salieron a la superficie cierto número de incidentes. Después de algunas investigaciones, nos dimos cuenta que en un período corto de tiempo muchos habían dejado la iglesia debido al involucramiento de este hombre en sus vidas. El pastor principal pidió a otro de los pastores y a mí que nos hiciéramos cargo de la situación inmediatamente.

Pero esto no tenía sentido, porque durante los servicios lo veía llorar, durante la predicación de la Palabra se lo veía muy receptivo y ansioso por aprender, y en otras áreas era muy activo. Yo era nuevo en el ministerio, y me encontraba confundido por lo que estaba sucediendo. Entonces oré: «Señor, por favor, muéstrame aquello con lo que, realmente, estoy tratando. Este hombre parece amarte, en realidad; pero aun así el fruto de su vida no es bueno.»

Escuché la respuesta del Espíritu Santo inmediatamente: «Él es un profeta que se ha nombrado a sí mismo.»

Unos pocos días después me reuní con el otro pastor y este hombre. Hablamos con él la situación en cuestión. Él compartió la forma en que Dios le había dado un mensaje profético para esas personas que le mencionamos. Él fue inflexible sobre el origen divino de esas palabras, insistiendo en que había hablado lo que Dios le había dicho que dijera.

Después de un rato, era obvio que nuestra conversación no avanzaba hacia ningún lado, así que lo confronté: «En oración, Dios me habló, diciendo que eras un profeta que te habías nombrado a ti mismo.» Le expliqué que esto lo había expuesto al engaño, tanto a él como a las personas bajo su influencia. Aunque no le gustó lo que dije, pudimos ver que las palabras lo habían impactado. Le dimos algunas sugerencias con las cuales él estuvo de acuerdo renuentemente.

Pero, la verdad, es que se ofendió con la conversación, y encontró una forma de seguir con el «ministerio profético» fuera de nuestras pautas. A las pocas semanas, fue arrestado por quebrar la ley. Cuando fue puesto en libertad, continuó con su «ministerio profético» a pequeños grupos que él había formado en ciertas casas. Más tarde, él y su esposa se divorciaron debido a los intensos conflictos matrimoniales.

Años más tarde, cuando el Espíritu Santo abrió mis ojos a la Jezabel del libro de Apocalipsis, esta situación —y muchas otras— vinieron a mi mente. Reexaminemos las palabras de Jesús:

«Pero tengo unas pocas cosas contra ti: que toleras que esa mujer Jezabel, que se dice profetiza...»
—APOCALIPSIS 2:20

Detengámonos en la frase «...que se dice profetiza...» La noche que Dios abrió mis ojos a esta porción de las Escrituras, esas palabras explotaron en mi interior como una bomba. Vi a esta mujer asumir una posición de autoridad espiritual que Dios no le había dado. En el proceso, engañó a todos los que tenía bajo su influencia. Para entenderlo, veamos los oficios espirituales ministeriales.

La diferencia entre ser llamado y autonombrarse

Muchos americanos tienen dificultades con los principios de un reino. Vivimos en una sociedad democrática de libre emprendimiento, lo cual difiere grandemente con la de un reinado. Una monarquía es gobernada por un rey, en virtud de su nacimiento, en cambio una democracia elige sus gobernantes. En el sistema de libre emprendimiento, la función de liderazgo está disponible a todos los que tienen habilidades y talentos y ponen sus mentes en ello. Pero no es lo mismo en el Reino de Dios.

Cuando Jesús resucitó de la muerte, fue puesto en autoridad sobre la Iglesia, y «él mismo constituyó a unos, apóstoles; a otros, profetas; a otros, evangelistas; a otros, pastores y maestros» (Efesios 4:11). Jesús dio estas funciones de servicio. Nadie más puede poner a alguien en esas posiciones de autoridad, excepto el Señor, y Él lo hace a través del Espíritu de Dios.

En cualquier momento que asumimos una posición de autoridad sin el nombramiento de Dios, nos estamos exaltando a nosotros mismos. Esto incluye a aquellos que son llamados, pero que aún deben ser nombrados. Son personas que al ser autocomisionadas, al final de cuentas se servirán a ellas mismas, ya que la gracia de Dios no está con ellos para esa posición. Desarrollarán métodos y agendas egoístas. Pablo nos advierte:

«Digo, pues, por la gracia que me es dada, a cada cual que está entre vosotros, que no tenga más alto concepto de sí mismo que el que debe tener…» (Romanos 12:3).

El libro de Hebreos afirma la importancia de no asumir una posición de liderazgo espiritual. Primero, el escritor describe cómo un líder espiritual es «escogido entre los hombres. Él mismo es nombrado para representar a su pueblo…» (Hebreos 5:1, NVI). Entonces señala: «Nadie ocupa ese cargo por iniciativa propia; más bien, lo ocupa el que es llamado por Dios» (v. 4). El nombramiento de parte de Dios es tan necesario que aun Jesús no asumió su posición de liderazgo sino que fue nombrado por su Padre. «Tampoco Cristo se glorificó a sí mismo haciéndose sumo sacerdote» (v. 5).

Veamos la descripción que Pablo hace de sí mismo: «Pablo, siervo de Jesucristo, llamado a ser apóstol, apartado para el evangelio de Dios» (Romanos 1:1). Note que primero menciona «llamado», y luego «apartado». Pablo fue llamado como apóstol desde la fundación del mundo, aunque no fue puesto en su oficio hasta el momento en que fue salvo. Hubo un período de prueba, cuando fue sometido a los líderes de la iglesia de Antioquía. Este examen duró años. De su propia experiencia él escribió estas instrucciones para los líderes: «Y estos también sean sometidos a prueba primero, y entonces ejerzan…» (1 Timoteo 3:10).

Otra palabra para *apartado* es *escogido*. Jesús dijo: «Porque muchos son los llamados, y pocos escogidos» (Mateo 22:14). En otras palabras, muchos son llamados a las posiciones de ministerio, pero solo un pequeño porcentaje pasa la prueba y llena los requerimientos para ser escogido o apartado.

La vida de Pablo estableció un patrón escritural para la actualidad. Durante su primer año en Antioquía, Pablo no ocupó ninguno de los cinco oficios instituidos por Cristo (Efesios 4:11). En cambio, sirvió en el ministerio de ayuda apoyando a los líderes que ya estaban en posición. Una vez que Pablo pasó la prueba de fidelidad en el ministerio de ayuda, fue promovido al oficio de maestro (2 Timoteo 1:11; Hechos 13:1). Podemos ver cómo el ministerio de Pablo siguió el orden divino en cuanto a los oficios y posiciones de servicio. La Biblia dice: «Y a unos puso Dios en la iglesia, primeramente apóstoles, luego profetas, lo tercero maestros, luego...los que ayudan...» (1 Corintios 12:28).

Pablo no solo fue probado en el campo de la ayuda sino también en el oficio de la enseñanza. Cuando fue promovido de maestro a apóstol, vemos nuevamente cómo Dios escoge y separa a aquellos que desea poner en ciertas posiciones u oficios.

«Había entonces en la iglesia que estaba en Antioquía, profetas y maestros: Bernabé, Simón el que se llamaba Niger, Lucio de Cirene, Manaén el que se había criado junto con Herodes el Tetrarca, y Saulo.»
—Hechos 13:1

Fíjese que Saulo, más tarde llamado Pablo, fue contado entre los maestros en Antioquía.

Continuando la lectura, encontramos:

«Ministrando estos al Señor, y ayunando, dijo el Espíritu Santo: Apartadme a Bernabé y a Saulo para la obra a que los he llamado.»
—Hechos 13:2

Fíjese que el Espíritu Santo dice «apartadme». El tiempo había llegado. No era una semana antes o una después. ¡El tiempo era ahora! Y fue el Señor quien determinó tanto el tiempo como quiénes debían ser apartados. Durante años Pablo fue consciente de que había un llamado apostólico en su vida. Le fue revelado tres días después de su encuentro con Jesús en el camino a Damasco (Hechos 9:15). Ahora Jesús estaba separando al que Él mismo había llamado varios años antes. Pablo había servido fielmente, sin promoverse a sí mismo. Más tarde Pablo amonesta: «Ahora bien, se requiere de los administradores que cada uno sea hallado fiel» (1 Corintios 4:10).

Aquí vemos que el Señor usa a los líderes eclesiásticos ya establecidos en esa iglesia donde Pablo servía fielmente. Esos ancianos habían sido nombrados de la misma manera. Continuando, encontramos:

> «*Entonces, habiendo ayunado y orado, les impusieron las manos y los despidieron. Ellos, entonces, enviados por el Espíritu Santo, descendieron...*»
> —Hechos 13:3, 4

El versículo 3 dice: «los despidieron.» El liderazgo ya establecido envió a Pablo y Bernabé. Entonces miremos al siguiente versículo: «Ellos, entonces, enviados por el Espíritu Santo...» Jesús apartó a Pablo y Bernabé por el Espíritu Santo, a través del liderazgo ya establecido. En resumen, Jesús fue quien lo hizo.

Note que Jesús no utilizó el grupo de oración intercesora de Antioquía, ni envió a Pablo y Bernabé a una conferencia profética en otra ciudad, o del otro lado de la ciudad, a otra iglesia a la cual Pablo no estaba sometido. Dios no usó a un individuo con dones espirituales en la congregación, para poner a estos hombres en el liderazgo.

El Señor usó la autoridad que Él ya había establecido en la iglesia de Antioquía. Es por eso que Dios nos advierte

> «*No impongas con ligereza las manos a ninguno...*»
> —1 Timoteo 5:22

La versión *Dios Habla Hoy* lo aclara un poco más: «No impongas las manos a nadie sin haberlo pensado bien.» El liderazgo monitorea la fidelidad de aquellos que sirven en la iglesia. Cuando Dios habla a sus corazones para nombrar a alguien, ellos tienen la confianza de que es el nombramiento del Señor. Este es el método del Señor para colocar individuos en la posición de liderazgo.

¿Enviado por Dios, el hombre o uno mismo?

Actualmente tenemos hombres y mujeres en nuestros púlpitos y congregaciones que se consideran a sí mismos profetas o profetizas, pero no lo son. Con frecuencia se han autonombrado, o han sido nombrados por alguien externo a la iglesia a la cual ellos asisten. Puede ser que tengan dones proféticos operando en sus vidas, y hasta pueden tener un llamado genuino a ese oficio, pero aún no han sido apartados. Dios ha declarado:

> *«No envié yo aquellos profetas, pero ellos corrían; yo no les hablé, mas ellos profetizaban.»*
> —JEREMÍAS 23:21

Recuerdo mi período de prueba. Serví en el equipo de una iglesia durante cuatro años. Mis responsabilidades incluían el asistir a mi pastor, a su familia y a las visitas. Ese era mi lugar en el ministerio de ayuda. Mientras el tiempo pasaba, me ponía más ansioso. Quería estar en el ministerio mayor. Yo sabía que era llamado, por lo que utilicé mis vacaciones para viajar y desarrollar mi ministerio. Algunos amigos me animaron a dedicarme al ministerio itinerante, a tiempo completo. Esto y otras influencias causaron que contemplara renunciar a mi posición de servicio. Cuando volvía en un avión, luego de ministrar en las Filipinas, leí: «Hubo un hombre enviado de Dios, el cual se llamaba Juan» (Juan 1:6).

Las palabras «enviado de Dios» saltaron de la página. De repente, escuché la pregunta del Señor: «¿Quieres ser enviado por John Bevere, o por Dios?»

Yo dije: «¡Enviado por Dios!»

Entonces Él contestó: «Bien. Si tu mismo te envías, irás por tu propia autoridad; ¡pero si yo te envío, irás en mi autoridad!»

Él me mostró que si yo me enviaba a mí mismo, vería resultados debido a los dones que Él había puesto en mi vida.

Pero esos resultados no llevarían los mismos beneficios eternos a quienes tocaba o para mí mismo.

El Señor me mostró cómo Moisés se encaminó hacia el mismo error. El libro de los Hechos registra que «fue enseñado Moisés en toda la sabiduría de los egipcios; y era poderoso en sus palabras y obras» (Hechos 7:22). Desde su infancia, había sido criado en la casa del rey de Egipto. Fue educado como un príncipe. Sus habilidades para el liderazgo las aprendió en las mejores escuelas del mundo. No solo estaba la mano de Dios sobre él para el liderazgo, sino que los dones en su vida fueron cultivados en esas escuelas.

Aprendemos que «cuando hubo cumplido la edad de cuarenta años, le vino al corazón el visitar a sus hermanos, los hijos de Israel... pero él pensaba que sus hermanos comprendían que Dios les daría libertad por mano suya» (Hechos 7:23, 25). Las Escrituras dejan claro que Moisés sabía en su corazón que él era el libertador de la esclavitud de sus hermanos en Egipto. Pero una cosa es ser llamado y otra ser nombrado.

Moisés confundió el desarrollo de los dones en su vida más el llamado, con el nombramiento de Dios. Él fue a libertar a Israel y falló. En su propia autoridad, fue capaz de ayudar a un solo compañero hebreo, matando a un egipcio, algo muy lejano a libertar a una nación. Esto causó que debiera huir por su vida. Después de cuarenta años Dios lo escogió y lo envió en su autoridad divina. Entonces Moisés liberó a Israel y presenció el calvario egipcio de ser enterrados bajo el Mar Rojo.

Quebrantamiento: un requerimiento para el servicio

Moisés tenía la suficiente sabiduría como para no forzar el llamado de Dios, después de haber visto la futilidad de sus propios esfuerzos. Adelantarse a los tiempos de Dios parece ser una lucha común en aquellos que son llamados al ministerio. El sabio se retirará, permitiendo que el proceso de quebrantamiento y adiestramiento del Señor siga su curso. Aquellos que no son sabios luchan en contra de los procesos divinos, e impulsan sus propios ministerios. Pero Jesús nos advierte:

> «*Y el que cayere sobre esta piedra será quebrantado; y sobre quien ella cayere, le desmenuzará.*»
> —MATEO 21:44

Jesús es la piedra de tropiezo, y su proceso de quebrantamiento puede ser comparado a un entrenador quebrando la voluntad de un caballo de guerra. Un caballo no está listo para la batalla hasta que su voluntad es quebrada. Aunque puede ser fuerte, veloz y más dotados que los demás a su alrededor, no puede servir hasta que su voluntad sea quebrada.

Ser quebrado no significa debilidad, sino que su voluntad está completamente sometida a la de su maestro. En el caso del caballo, su maestro es el jinete. Si el caballo es quebrado en su voluntad de manera exitosa, se puede confiar en él en una batalla. En el calor de la lucha, mientras las flechas y las balas se cruzan, su voluntad no se acobarda. Aunque las hachas, palos y espadas se levanten en la batalla, él no se desviará de la voluntad de su maestro. Permanecerá firme en su sumisión a su amo, evitando cualquier intento de protegerse o beneficiarse a él mismo.

Este proceso de quebrantamiento es único a cada individuo, y es determinado por el mismo Señor. Él es el único que sabe cuándo este proceso se ha completado.

Recuerdo su proceso de quebrantamiento en mi vida. En muchas ocasiones pensé que estaba listo para entrar en el ministerio. Podía declarar con confianza «Estoy completamente sometido a tu autoridad; sé que estoy listo para el ministerio al que me has llamado». Pero el sabio de corazón sabría que yo no estaba listo. Efectivamente, debía pasar por otra lucha más mientras siguiera peleando por mis derechos.

Igual que con los caballos, nuestro proceso de quebrantamiento trabaja con la sumisión a la autoridad. Esta puede ser la autoridad directa de Dios o una delegada. No importa, porque toda autoridad viene de Él (Romanos 13:1, 2). Dios sabe el proceso perfecto para cada uno de nosotros.

Dios estableció dos reyes que ilustran el proceso de quebrantamiento: Saúl y David. Saúl representaba los deseos del pueblo en un rey, reflejando adecuadamente aquello por lo que sus corazones rebeldes habían clamado. Saúl nunca pasó por un proceso de quebrantamiento. Su vida es un trágico ejemplo de un hombre no quebrado, al que se le dio autoridad y poder. Él usó la autoridad y los dones dados por Dios para seguir sus propios propósitos.

Por el otro lado, David fue la elección de Dios. Él pasó a través de varios años de quebrantamiento y adiestramiento; la mayoría de ellos alrededor del rey Saúl, autoridad bajo la cual Dios lo había puesto. Él fue seriamente probado, pero cuando Dios vio que su vasija estaba quebrada y sometida lo puso en autoridad. Aunque cometió errores, David siempre permaneció dócil y fiel a la autoridad de Dios.

En contraste, Saúl obedecía a Dios cuando esto iba de acuerdo a sus planes o agenda, pero vacilaba cuando esto no era así. Él podía cumplir la palabra del Señor, con sus propios motivos adosados. Saúl fue confrontado por el profeta Samuel, quien lo reprendió, diciéndole: «Porque como pecado de adivinación es la rebelión, y como ídolos e idolatría la obstinación» (1 Samuel 15:23).

En la traducción desde el hebreo, los traductores agregaron la palabra «como» —«es… *como* ídolos e idolatría… »—, para aclarar el sentido. Una traducción más adecuada hubiera sido el usar solo la palabra «es».

El texto, entonces, podría leerse como: «Porque pecado de adivinación es la rebelión, e ídolos e idolatría la obstinación.» Esta traducción está en armonía con el contexto. Una cosa es ser *como* la idolatría y otra diferente es ser idólatras. ¿Por qué la obstinación es idolatría? Porque está en insubordinación directa a la voluntad de Dios. Es cuando uno se hace a sí mismo amo; se sirve al ídolo de la voluntad propia.

Nuestra sociedad democrática es tierra fértil para la insubordinación. A causa de esto hemos perdido de vista lo que significa someterse a la autoridad. La verdadera sumisión nunca vacila, pero actualmente nos sometemos sólo cuando estamos de acuerdo. Si la autoridad va en contra de nuestra voluntad o dirección, desobedecemos o caminamos con ella de mala gana, hasta que se presenten mejores opciones. Esto nos hace vulnerables al engaño y al ministerio profético falso.

En el libro de Apocalipsis la mujer Jezabel asumió una posición de autoridad —profetiza— y entonces enseñó y sedujo a los siervos de Dios hacia la idolatría. Esto alimentó la obstinación e insubordinación hacia la autoridad del Reino de Dios.

Permítame hacer un comentario más sobre el hombre mencionado al comienzo de este capítulo. Aunque lloraba en los servicios, era obvio que no estaba quebrado o contrito. Estaba insubordinado a aquellos puestos en autoridad en la iglesia. Esta obstinación también sedujo a otros a la idolatría —insubordinación. Aunque su fruto era evidente a los maduros, la joven débil y herida oveja era atraída hacia él. Recuerde lo que Pablo le dijo a los creyentes: «Y de vosotros mismos se levantarán hombres que hablen cosas perversas para arrastrar tras sí a los discípulos» (Hechos 20:30).

En el próximo capítulo veremos la facilidad conque los profetas autonombrados alejan a otros de estar sujetos a la verdadera autoridad espiritual. Es tan sutil que sin el adecuado fundamento de la Palabra de Dios, cualquiera puede ser presa fácil.

capítulo 12

El aguijón de Jezabel

Hace relativamente poco tiempo ministré en la parte norte de los Estados Unidos. Era mi segunda serie de reuniones con esta congregación, la cual había crecido a unos mil miembros, en una ciudad de menos de 100.000 habitantes. Ninguna otra iglesia independiente del área había crecido a ese tamaño. El pastor es un hombre apasionado, a quien recuerdo como un líder efectivo.

Las reuniones que habíamos tenido el año anterior habían sido maravillosas. La gente estaba deseosa de recibir la Palabra de Dios. La atmósfera había sido fácil para predicar, y los servicios dieron mucho fruto. Yo estaba entusiasmado por ver lo que Dios haría en esta segunda serie de reuniones.

El primer servicio fue durante el domingo a la mañana. Me tomó desprevenido la diferencia que había en el ambiente para predicar. En lugar de sentir libertad mientras predicaba, experimenté el sentimiento de que estaba arando a través de una espesa barrera de rebeldía. Estaba desconcertado, y me pregunté: *«¿Será la misma congregación frente a la que me paré el año pasado?»* El cambio era tan pronunciado que estaba casi seguro de que esta iglesia había sido afectada por alguna clase adivinación.

No trabajé con esto en el servicio de la mañana, pero busqué el consejo del Señor esa tarde en la habitación del hotel. Sentí la confirmación de lo que había percibido esa mañana. Esta iglesia había sido aguijoneada por el espíritu de Jezabel. No sabía si este había sido liberado cuando alguien visitó la iglesia, o si se había levantado de entre los mismos miembros. Solo sabía que estaba allí. La estructura previa de orden y autoridad en esta iglesia había sufrido un devastador golpe por parte de algún tipo de falsa profecía. Yo estaba muy consciente de que me dirigiría a su cabeza en el servicio de la noche.

Prediqué del mensaje de Jesús a la iglesia de Tiatira en Apocalipsis. Era fácil sentir la rebelión y la resistencia en la atmósfera. Había aumentado desde la mañana. Aun así sentí la autoridad divina en la Palabra, y estaba consciente de que el mensaje estaría cortando a través de la atmósfera resistente. Sentí un debilitamiento de la rebelión, mientras que la adivinación era expuesta por la luz de la Palabra de Dios.

Después de una hora de predicación, pedí que aquellos que sabían que estaban bajo el ataque o influencia de un espíritu de Jezabel, se pusieran de pie. Claramente les delineé el primer paso hacia la libertad a medida que se arrepentían de la rebelión en la cual habían sido seducidos. Me sorprendí al ver que un 70% de la iglesia respondió. Después de guiar a la gente en oración, la atmósfera se sentía más despejada, lo cual era tanto liberador como emocionante.

Después de la reunión, el pastor me urgió a ir a su oficina. Sabía que tendríamos una conversación seria, pero no tenía ni idea de lo que iba a decir. Cerró la puerta de la oficina, se sentó, y respiró profundamente, con un suspiro de alivio.

—John —dijo—; ahora te contaré por lo que he estado pasando.

Hasta ese momento, no me había dicho nada. Su rostro estaba solemne, mientras compartía.

—He dormido alrededor de veinte horas en los últimos treinta días.

Lo miré y podía decir lo exhausto que estaba.

—¿Por qué? —le pregunté—. ¿Qué ha estado sucediendo?

El dijo:

—Todo comenzó hace cinco meses, cuando tuve a un muy conocido ministro profético en nuestra iglesia. Como ya sabes, hemos estado en un programa de construcción. Bien; esta persona se paró frente a la congregación y les dio algunas palabras personales. Luego dijo: «Así dice el Señor: "Ustedes están edificando muy pequeño."» El ministro dijo que el Señor estaba diciendo que necesitábamos duplicar el tamaño del edificio, a causa de las grandes cosas que Él haría. John, he gastado un equivalente a 85.000 dólares en planos de arquitectura, bocetos y otros costos para comenzar. Yo quería construir el santuario que Dios dijo que debíamos hacer.

Continuó:

—Eso no es todo. Esta persona sabía que con mi equipo de adoración queríamos finalmente producir un disco compacto, y dijo que Dios lo quería listo en los próximos seis meses. Mi equipo de adoración estaba muy emocionado con esto. Lograrlo, significaba la compra de 25.000 dólares en equipos de grabación. No era una movida sabia para nosotros, en ese momento; pero, ¿cómo podía ir en contra de los deseos de Dios? Así que gastamos el dinero, y ahora tenemos un disco compacto que no ha servido de mucho.

Seguidamente compartió que unos meses después, su supervisor, quien pastoreaba una gran iglesia en el sur, voló para verlo, y le dijo que lo que él estaba haciendo era algo muy fuera de su alcance. Luego lo aconsejó en contra de construir un edificio de ese tamaño, porque eso era como llamar a los problemas.

Él continuó:

—John, yo sabía que mi pastor estaba en lo correcto cuando dijo que el edificio era muy grande. Sentí como que un peso se iba de mí, pero fue allí cuando comenzaron los problemas. A causa de que esas palabras fueron dadas frente a mis miembros y al liderazgo, ellos pensaban ahora que yo estaba en incredulidad y desobediencia a la palabra del Señor. Traté de explicarle mi posición a la congregación, pero esto no ayudó. Era como si toda la santa sabiduría hubiera sido arrojada al viento, debido al despertar de la excitación de la profecía.

Hizo una pausa, y agregó:

—Es como que una noche de ministerio me quitó casi hasta la última gota de autoridad que tenía como pastor, líder y hombre de Dios. Esta noche Dios la restauró.

Al día siguiente el pastor y yo hablamos durante más tiempo y con más detalles de lo que había sucedido en la reunión cinco meses atrás. Surgió otro punto de interés. Él compartió que ellos le habían dado la bienvenida a este ministro, como un amigo. Pero este ministro estaba molesto de no ser reconocido en el boletín dominical como alguien que está en el oficio profético. Hasta trajo esta omisión a la luz cuando fue presentado frente a la congregación. Los patrones escriturales son que Dios, y no el hombre, valida a sus profetas y siervos. El que es grande entre los hombres, con frecuencia no está en el Reino de Dios. Recuerde que Jesús dijo: «¡Hay de vosotros, cuando todos los hombres hablen bien de vosotros! Porque así hacían sus padres con los falsos profetas» (Lucas 6:26).

Jesús dijo que la Jezabel de Tiatira se llamaba a sí misma profetiza. Ella tomó la posición por sí misma, y luego demandaba el reconocimiento de los hombres. Obviamente Jezabel era una buena comunicadora, o no hubiera sido capaz de llevar a tantos a la rebelión con su enseñanza. No importa cuán bien nos comuniquemos, si nuestros motivos son atraer a los otros hacia nuestra persona, inevitablemente produciremos el fruto equivocado. Las grandes iglesias y los CD's populares al principio suenan como ideas de Dios. Esta clase de palabras producen excitación y proveen una visión apelante, como para ir en pos de ella. El único problema es que la gente corría detrás de una falsedad, mientras que la autoridad y voluntad divinas fueron pervertidas. Sus ojos fueron desviados y distraídos de lo que estaba delante de ellos, y del líder que fielmente trabajaba entre ellos, a fin de abrazar las palabras de uno que no lo hacía. Sin saberlo, fueron descarriados de la autoridad divina. Desearía que este fue un incidente aislado, pero he visto suceder esto con otras iglesias también.

El ministerio de Jezabel fuera de los púlpitos

La Jezabel de Tiatira influía a otros por un espíritu engañoso. Era sutil y seductivo en su naturaleza. Eso describe los métodos de los profetas autonombrados en los días presentes, más allá de ser femeninos o masculinos. Con frecuencia los siervos del Señor son guiados a la insubordinación u otras formas de idolatría moderna por la manera profética de Jezabel. Lo más alarmante es que la mayoría no se da cuenta de que han sido arrastrados en el error hasta mucho después.

La influencia de Jezabel no está confinada solo al púlpito. Con mayor frecuencia se sienta en la congregación. A menudo la encontrará en lugares donde los creyentes hambrientos están fuera de los servicios regulares, tales como reuniones especiales, estudios bíblicos, grupos de oración, etc. Los individuos bajo su influencia suelen parecer altamente espirituales. Dan la impresión de horas de oración y de una constante y progresiva revelación. Usted puede ser tentado a pensar que ellos tienen un discernimiento espiritual mayor al del pastor. Le aseguran que su «madurez» es la misma razón por la cual están allí, a fin de interceder por el pastor. (Esto no implica que todos aquellos que oran diligentemente sean *jezabeles*.)

En presencia de ellos, usted puede sentir que su vida espiritual empalidece en comparación, mientras que ellos revelan las muchas cosas que Dios les ha mostrado a través de oraciones, visiones o sueños. Puede sentir que, en comparación a ellos, usted no es para nada espiritual. Si hay alguna inseguridad en su relación con Dios, usted se encontrará empequeñecido frente a ellos. Esto es exactamente lo que el ministerio de Jezabel quiere. Es muy fuerte y desea intimidarlo para que se someta a su forma de pensamiento.

Si usted ya es fuerte, usará otra táctica. Lo adulará y levantará hasta su nivel de orgullo. «El Señor me ha mostrado que eres muy espiritual, aun más que tu esposo.» Puede que esto sea cierto —o no—, pero no cambia la estructura de autoridad de la casa. El objetivo es sacarlo de la autoridad protectiva bajo la cual Dios lo puso. Esto lo aislará de los otros, y hará que sea dependiente de ellos para recibir revelaciones de Dios.

Dones versus autoridad

Nuevamente, es importante enfatizar que usted puede tener dones espirituales y revelación, pero eso no significa que Dios lo ha puesto en una posición de autoridad gobernante. Dios da dones a los hombres por su Espíritu. Pero el oficio de gobernante es establecido por el Señor Jesús. Cuando confundimos dones con oficios nos metemos en problemas. Con frecuencia, quienes se han establecido a sí mismos como profetas o profetizas tienen un don genuino en esa área. Han desarrollado ese don y pueden percibir o ver en la vida de las personas. Pero cuando un don no está sometido al señorío de Jesús, y por lo tanto a su autoridad gobernante, entonces está sometido a la voluntad del «yo». En esta situación, es fácil que el don sea maltratado o pervertido en el desarrollo de la persona, ya que los motivos se convierten en egoístas. La autoexaltación pervierte al don. Ellos confunden el don con la autoridad. Que seamos dotados no significa que estemos listos o con autoridad.

En el libro de Números encontramos un excelente ejemplo de esto, en las acciones del hermano y de la hermana de Moisés.

«*María y Aarón hablaron contra Moisés a causa de la mujer cusita que había tomado; porque él había tomado mujer cusita. Y dijeron: ¿Solamente por Moisés ha hablado Jehová? ¿No ha hablado también por nosotros? Y los oyó Jehová.*»

—NÚMEROS 12:1, 2

Ellos creían que él había cometido un error, y se sentían libres de hablar en su contra como si tuvieran autoridad sobre él. No se puede saber si ellos dijeron estas palabras en la intimidad de sus tiendas o si las compartieron abiertamente con otros. Más allá de eso, lo que es cierto es que el Señor los escuchó.

Sus palabras e intenciones fueron muy ofensivas para Dios. Enojado, el Señor citó a los tres y entonces les preguntó a María y a Aarón: «¿Por qué, pues, no tuvisteis temor de hablar contra mi siervo Moisés?» (Números 12:8). Entonces su presencia se fue, dejando a María leprosa.

¿Cómo estos parientes de Moisés cometieron un error de juicio tan grave? La respuesta se revela en sus palabras de orgullo: «¿Solamente por Moisés ha hablado Jehová? ¿No ha hablado también por nosotros?» (Números 12:2). Dios habló a través de María y Aarón. Ambos eran sobrenaturalmente dotados, y Aarón era sacerdote. Sin embargo, usaron los dones en sus vidas como justificación para elevarse por encima de la autoridad que Dios había puesto sobre ellos. Si Dios no hubiera expuesto rápidamente esta estupidez, ellos hubieran desviado a muchos otros con el mismo razonamiento. Fueron juzgados frente a la congregación entera, para que todos temieran. Cuando se arrepintieron de este error, ambos fueron perdonados y restaurados.

María y Aarón no eran falsos profetas, pero su error ilustra la diferencia entre autoridad y dones. Si hubieran persistido en su cruzada, podrían haber terminado como falsos profetas. Debemos darnos cuenta que lo falso no necesariamente comenzó de esa forma.

Los dones inspiracionales no son dados para la autopromoción. El tenerlos no significa, necesariamente, que usted tiene el poder, la gracia o la autoridad de Dios. Si no tiene la autoridad dada por Dios, usted debe usurparla a través del engaño. Esto significa, intencionalmente o no, llevar a otros fuera de la estructura de autoridad que Dios les proveyera, dándole poder a lo falso.

Abre tus alas

El siguiente ejemplo me lo contaron un pastor y su esposa cuando estaba predicando en su iglesia. Cuando escucharon que me encontraba escribiendo sobre este tópico, estaban ansiosos de compartir su dolor, con la esperanza de proteger a otros. En las propias palabras de ellos, «esta es una de esas tristes historias que bien desearíamos nunca haber experimentado».

Este hombre de Dios ha pastoreado una gran iglesia en una de las grandes ciudades de los Estados Unidos, por más de treinta años. Su pastor asociado ha estado con él por veinticinco años, y la mayoría de su equipo lleva con él unos diez años. La iglesia es muy activa en las misiones y en ayudar a los pobres. Lo menos que se puede decir es que se trata de una iglesia estable y saludable. Él escribe:

«Sí, somos una congregación que ha sido impactada por una mujer que se llama a sí misma "profetiza". Tristemente, nuestro anterior pastor de jóvenes, de quien fui mentor por unos quince años, cayó bajo su control.

»Exteriorizando su propia amargura, ella comenzó a recitar palabras "del Señor", tales como "Iglesia sin paredes", "Abre tus alas", y "Libera..." Como un miembro de la congregación, ella fue entre la gente profetizando que el Señor quería liberar a su pueblo, infiriendo que, de alguna forma, nosotros, el liderazgo, habíamos retenido a la gente de sus propios ministerios.

»*La mentira se apoderó de nuestro pastor de jóvenes, creando un descontento que lo impulsó a la búsqueda de otros profetas que le dieran confirmación.*

»*Repentinamente él comenzó a hablar de ser llamado a las naciones. Entonces hizo contacto con otro así llamado profeta (conozco quién es este otro profeta, y tiene un ministerio muy reconocido), quien le dio algo muy genérico: "Esta es una nueva época en tu vida. Es tiempo para un cambio; Dios está ampliando tu visión, agrandando tu ministerio."*

»*Todas esas llamadas "palabras de confirmación" cerraron su corazón a nuestras apelaciones. Cuando fue confrontado por el liderazgo, se ofendió y estaba a la defensiva. Estaba seguro de que tratábamos de retenerlo de seguir su "sueño dado por Dios".*

»*Finalmente, enlistó sus grandiosos planes y se fue de la región en pos de su sueño. Él era Abraham, y su esposa era Sara. Se fueron a la tierra donde la promesa pudiera ser cumplida. Establecieron una escuela de artes y un centro de retiros para pastores desanimados, y siguieron su especial llamado a las minorías: homosexuales y otros.*

»*Tres años más tarde, ninguna de esas visiones se habían cumplido. Como consecuencia, hay una esposa quebrada, cuatro chicos en riesgo, otro hombre joven de nuestra iglesia extrañado por su familia, y un grupo de jóvenes confundidos y enojados.*»

Esta es la cosecha de una «Jezabel que se llama a sí misma profetiza». Cuando el pastor de jóvenes dejó la iglesia, fue a trabajar junto al muy reconocido profeta que le había dado la palabra. El pastor principal compartió conmigo cómo la palabra profética parecía ser el punto inicial del diálogo entre el profeta y el pastor joven. Aunque este muchacho se fue para ministrar con el profeta, poco después de su arribo el profeta lo abandonó para comenzar una nueva iglesia en otro estado.

Personalmente había tenido ya unos cuatro servicios en la iglesia del pastor principal, antes de conocer nada de esto. Ministré sobre la sumisión, el perdón y el temor del Señor. La última noche noté que el pastor de música, quien había estado en esta iglesia durante siete años, lloraba sobre el hombro del pastor principal. Él y su esposa abrazaron al pastor principal y a la esposa de este por un buen rato.

Al día siguiente este pastor de música me llevó al aeropuerto. Él compartió que también había recibido una palabra similar, «de abrir sus alas e ir hacia adelante», de parte de la misma mujer, quien desde entonces dejó la iglesia. Él confesó que, aunque no se fue (porque su esposa no estuvo de acuerdo con eso), esas palabras hicieron que él cuestionara al pastor constantemente. La relación había sido tensa durante años, porque su corazón había sido retirado del lugar donde debía estar plantado. Estas pocas palabras lo habían atraído hacia la insubordinación y la obstinación. Aunque físicamente no se había ido, se hizo una brecha a causa de esas palabras. Escuchemos la advertencia de Dios para nosotros:

> «Mas os ruego, hermanos, que os fijéis en los que causan divisiones y tropiezos en contra de la doctrina que vosotros habéis aprendido, y que os apartéis de ellos. Porque tales personas no sirven a nuestro Señor Jesucristo, sino a sus propios vientres, y con suaves palabras y lisonjas engañan los corazones de los ingenuos.»
>
> —ROMANOS 16:17, 18

Las palabras de esta mujer y del muy conocido profeta eran suaves y lisonjeras. Sonaban como inspiradas por el Espíritu Santo, ya que eran adornadas con terminología bíblica. Sin embargo, también plantaron semillas de orgullo en los corazones de los hombres, proponiéndoles llamados mayores para sus vidas, como si el servir en sus capacidades presentes fuera algo para ser despreciado. Las lisonjas revelaron el descontento ya existente en sus corazones. Las palabras no estaban de acuerdo con la doctrina vigente, pero estaban moldeadas para que estos dos ministros asociados se sirvieran de ellas.

Las Escrituras dictan que solo los ancianos establecidos, quienes conocen las vidas de aquellos a quienes sirven, deben dar palabras. El pastor principal estaba en posición de darlas y no un disgustado miembro de iglesia u otro profeta de otro estado, en una reunión externa. La adulación del engaño confundió el discernimiento espiritual de ellos y los alejó de la autoridad divina de Dios.

Cuando le pregunté al pastor sobre la mujer que había hablado esas palabras, me enteré que era muy conocida en la iglesia, y con una reputación de exactitud. Hemos aprendido que la exactitud no valida una «palabra»: es el fruto el que lo hace. Escuche lo que las Escrituras nos advierten:

> *«Cuando en medio de ti aparezca algún profeta o visionario, y anuncie algún prodigio o señal milagrosa, si esa señal o prodigio se cumple y él te dice: "Vayamos a rendir culto a otros dioses", dioses que no has conocido, no prestes atención a las palabras de ese profeta o visionario. El Señor tu Dios te estará probando para saber si lo amas con todo el corazón y con toda el alma. Solamente al Señor tu Dios debes seguir y rendir culto. Cumple sus mandamientos y obedécelo, sírvele y permanece fiel a él.»*
> —Deuteronomio 13:1–4, nvi

Esos profetas entre los israelitas servían a los dioses de naciones extranjeras. Eran sus ídolos. Un ídolo no es nada en sí mismo. Es la codicia en el corazón de los hombres lo que le da poder. Aprendemos que la obstinación, la cual es rebelión, es una forma de idolatría. ¿Cómo se aplica esta escritura a nosotros? Si una palabra lo aleja de la dirección de Dios o de la autoridad delegada, no la siga. Inclusive si estas palabras fueran exactas o se cumplieran, se nos instruye a no escuchar a esos profetas, «por haberte aconsejado rebelarte contra el Señor tu Dios» (Deuteronomio 13:5, NVI).

Hablé con el pastor anterior en una cita que tuvimos más tarde. Me puso contento saber que su relación con el pastor de música había sido restaurada, «su lealtad donde él está sirviendo es mayor que nunca», me dijo alegremente. También me compartió cómo este ministro de música ha intensificado su conocimiento sobre las falsas profecías.

Es mi oración que usted vea mis propósitos en estos ejemplos, para que pueda aprender y ser advertido por ellos. Pablo escribió:

«Todo eso les sucedió para servir de ejemplo, y quedó escrito para advertencia nuestra, pues a nosotros nos ha llegado en fin de los tiempos.»
—1 Corintios 10:11, NVI

Tengo la esperanza de que usted no experimente nunca el aguijón de la falsa profecía. Pablo nos advierte: «Porque hay aún muchos contumaces, habladores de vanidades y engañadores...» (Tito 1:10). ¡Oh, cómo se aplica a nosotros hoy día! Un solo libro nunca puede contener todo el recuento de los engaños de los falsos profetas a través de la historia de la Iglesia, quienes seducen con palabras suaves y lisonjeras. Numerosas personas con genuinos llamados han sido apartadas de los lugares de adiestramiento donde Dios los había puesto. Estos hombres y mujeres suelen pasar a través de tiempos duros o áridos, cuando Jezabel los atrae. Aunque Occidente ha disfrutado por años la libertad de la persecución física, Dios aún tiene una forma prescrita para adiestrarnos y fortalecernos. Usted no envía a los soldados a un cómodo oasis para adiestrarlos para la guerra. Los envía a un campo de entrenamiento, donde la capacitación es dura e incómoda. Esto los prepara adecuadamente para las batallas futuras. Muchas veces las promesas excitantes y cómodas no son de Dios.

«Un falso profeta usa los dones que Dios
le ha confiado para atraer a los demás
hacia él mismo. Un verdadero profeta
los atrae hacia el corazón de Dios».

capítulo 13

El conocimiento de los profetas a través de sus frutos

Dios está preparando a sus ministros proféticos de los últimos días. Es un ministerio muy importante y necesario, con una tarea crucial y oportuna. Debe hacer que el corazón de los creyentes retorne a Dios, para prevenir que Él hiera la tierra con maldición (Malaquías 4:5, 6). Tal vez esa sea la causa por la cual el enemigo trabaja arduamente para prevenir y pervertir esta restauración. Si nuestros corazones no se vuelven a Dios y a su verdadera santidad, entonces la Iglesia no caminará en la gloria de Dios, tal como Él lo ha prometido.

« … *habitaré y andaré entre ellos, y seré su Dios, y ellos serán mi pueblo … Así que, amados, puesto que tenemos tales promesas, limpiémonos de toda contaminación de carne y de espíritu, perfeccionando la santidad en el temor de Dios.*»

—2 Corintios 6:16; 7:1

Esta promesa de gloria fue anunciada en el Antiguo Testamento por la liberación de Israel de Egipto y en el Monte Sinaí. Egipto representa el sistema de este mundo. El éxodo de Israel es un ejemplo de nuestra liberación de este mundo temporal por medio de la salvación. Dios le dijo a Israel: « … y cómo os tomé sobre alas de águila, y *os he traído a mí*» (Éxodo 29:4, énfasis añadido). Igual que con ellos, nos salvó para atraernos hacia Él. ¡Qué maravillosa revelación!

Dios, entonces, le dijo a Moisés:

«*Vé al pueblo y santifícalos hoy y mañana; y laven sus vestidos; y estén preparados para el día tercero, porque al tercer día Jehová descenderá a ojos de todo el pueblo sobre el monte de Sinaí.*»

—Éxodo 19:10, 11

En este versículo, *santificar* significa «poner aparte». Dios estaba diciendo: «Te saqué de Egipto, ahora tú debes sacar a Egipto de ti.» Una parte del proceso de preparación se lograba mediante el lavado de sus ropas, removiendo así las huellas de Egipto, en preparación para su gloria. De la misma forma, se nos dice que nos limpiemos de toda la contaminación de carne y de espíritu. La limpieza de nuestras vestiduras de carne y espíritu es: remover el hedor de los deseos mundanos. Esto purifica nuestros deseos para que podamos contemplarlo, puesto que sin santidad nadie verá al Señor (Hebreos 12:14).

En el tercer día Dios prometió revelar su gloria a los hijos de Israel. Esta promesa no estaba dada con exclusividad para ellos, sino que también se aplica a nosotros, porque en 2 Pedro 3:8 aprendemos que un día de Dios es mil años de los nuestros. Por dos días, o dos mil años, la responsabilidad de la Iglesia ha sido consagrarse a sí misma para la venida de su gloria. En el comienzo del tercer día (el tercer milenio), Él vendrá en su gloria [esto es cuando Cristo vendrá y reinará por mil años en su cuerpo glorificado (Apocalipsis 20:4)].

Igual que Moisés fue el profeta que llamó al pueblo de Dios a la consagración antes de su visitación, también en los últimos días los «profetas Elías» proclamarán este mensaje, previo a su segunda venida. ¡Estamos cerca del fin del segundo día! La Iglesia aún está muy imbuida en el espíritu del mundo. Está llena con muchos que anhelan las comodidades, placeres y beneficios del sistema de este mundo (el mismo Egipto que una vez nos esclavizó). Muchos con el corazón dividido desean la salvación y las bendiciones de Jesús, al mismo tiempo que anhelan al mundo. Físicamente están en el desierto, pero sus corazones permanecen en Egipto.

Esta condición fue profetizada por el apóstol Pablo. Él describe los terribles tiempos de los últimos días (2 Timoteo 3:1, NVI). Los hombres podrán profesar su cristianismo, pero seguir amándose a sí mismos y al dinero. Ellos serán orgullosos, desobedientes, desagradecidos, desamorados, inmisericordes, calumniadores, faltos del temor de Dios y del autocontrol, y amar a los placeres más que a Dios. «Aparentarán ser piadosos, pero su conducta desmentirá el poder de la piedad» (2 Timoteo 3:1–5, NVI).

Para remediar esta situación, Dios está enviando lo profético para revelar nuestra verdadera condición, que como iglesia debemos regresar a Dios. Para que esto se cumpla, es imperativo que lo profético venga puro y sin engaño. Estamos balanceándonos en la antesala de la destrucción, pero si lo profético es contaminado, no estaremos preparados. Satanás sabe que el juicio comienza en la casa de Dios, y quiere que seamos juzgados. Hace esto para alimentar el fuego de la iniquidad y la codicia. Jesús previó esto y advirtió que en nuestros días «muchos falsos profetas se levantarán y engañarán a muchos» (Mateo 24:11).

Lobos en ropaje de cordero

Miremos nuevamente la advertencia de Jesús sobre el ministerio profético falso que plagará a la Iglesia:

«*Guardaos de los falsos profetas, que vienen a vosotros con vestidos de ovejas, pero por dentro son lobos rapaces. Por sus frutos los conoceréis.*»

—MATEO 7:15, 16

Jesús dijo «guardaos de los falsos profetas». ¿Por qué nos advierte tan frecuentemente y con tal pasión? La razón es clara: lo falso es muy sutil y engañoso. Tal como los ejemplos que vimos en los capítulos anteriores, viene vestido de oveja, no de lobo. Con un aspecto tan similar, es difícil distinguir lo verdadero de lo falso. Jesús dijo que habrá muchos, no unos pocos (Mateo 24:11), y que, de ser posible, hasta los elegidos serán engañados por ellos a causa de sus dones sobrenaturales. ¿Cómo separamos correctamente entre lo verdadero y lo falso? Jesús dijo que sus frutos serán los que cuenten la historia. Sin embargo, necesitamos entender que los frutos incluyen más que la exactitud de sus palabras o la predicción del futuro. Permítanme recalcar este punto: Jesús nunca dijo que un verdadero profeta es identificado solamente por el hecho de que sus palabras son exactas o se cumplan. Sin embargo, la *falta de exactitud* ciertamente es un signo de que Dios no estaba involucrado.

La Palabra dice:

«*Y si dijeres en tu corazón: ¿Cómo conoceremos la palabra que Jehová no ha hablado?; si el profeta hablare en nombre de Jehová, y no se cumpliere lo que dijo, ni aconteciere, es palabra que Jehová no ha hablado; con presunción la habló el tal profeta; no tengas temor de él.*»

—DEUTERONOMIO 18:21, 22

Dios deja bien en claro que si las palabras del profeta no se cumplen, no debemos temerle o respetarlo como profeta. Sin embargo, este criterio solo no alcanza para distinguir lo verdadero de lo falso, porque los falsos profetas pueden ser exactos. El Señor explica que un profeta puede dar una palabra y esta cumplirse, pero el profeta será rechazado si lo guía a usted a la idolatría, engaño o rebelión (Deuteronomio 13:1–5; Colosenses 3:5). A este hombre Dios lo llama «falso profeta», a causa de su fruto. Es un error asumir que la exactitud sola valida a un individuo como profeta, aun así muchos —hasta líderes— cometen este error. Debemos discernir el fruto que permanece. Miremos algunos ejemplos:

Balaam —un profeta corrupto con un corazón codicioso—. Profetizó una palabra exacta sobre Israel y predijo el nacimiento del Mesías. Sus palabras están registradas en las Escrituras. Aunque sus profecías eran exactas, su fruto era malo. Jesús dijo que él «enseñaba a Balac a poner tropiezo ante los hijos de Israel, a comer cosas sacrificadas a los ídolos, y a comer fornicación» (Apocalipsis 2:14). Se le ofrecieron sustanciales riquezas si maldecía a Israel, pero él no era capaz de maldecir a aquellos a quienes Dios había bendecido. Después de haberse dado cuenta, le enseñó a Balac cómo poner una trampa a los hijos de Israel, y ubicarlos bajo la maldición, induciéndolos al pecado (Números 31:16; 25:1–9). Hizo esto para retener su recompensa. Su fruto llevó a la gente al juicio. Veinticuatro mil israelitas murieron por la plaga que juzgó la desobediencia de ellos. Las profecías de Balaam fueron exactas, pero sus frutos probaron que no eran santas. Él había mezclado lo precioso con lo vil. En Josué 13:22 es llamado «adivino». A los hijos de Israel se les encomendó matarlo a filo de espada en la batalla. De esto aprendemos que la exactitud no distingue lo verdadero de lo falso. Balaam tenía un don genuino en su vida, pero estaba corrompido por su deseo de ganancia. Era un falso profeta.

En el Nuevo Testamento Pablo y su compañía se encontraron con «una joven esclava que tenía un espíritu de adivinación» (Hechos 16:16, NVI). Ella le había hecho ganar mucho a sus amos a través de adivinar la fortuna. Es obvio que era exacta. Inclusive estuvo en lo correcto respecto a Pablo y sus compañeros cuando gritó: «Estos hombres son siervos del Dios altísimo, y les anuncian a ustedes el camino de salvación.» Lo que estaba diciendo era exacto, pero no por la unción del Espíritu Santo sino por un espíritu de adivinación. Era exacta, pero su fruto era malo. Molesto, Pablo echó fuera al espíritu y ella ya no pudo predecir más el futuro.

Tanto Balaam como esta esclava fueron tenidos por adivinos o falsos profetas. Ambos eran exactos; uno por un don genuino de Dios y la otra por un espíritu de adivinación. Jesús enfocó la motivación en Mateo 7:16, porque ella siempre se revela en el fruto. ¿Cuál era el fruto en la vida y ministerio de ellos? Eso es el factor determinante. Examine nuevamente sus palabras:

> «Guardaos de los falsos profetas, que vienen a vosotros con vestidos de ovejas, pero por dentro son lobos rapaces.
>
> Por sus frutos los conoceréis. ¿Acaso se recogen uvas de los espinos, o higos de los abrojos? Así, todo buen árbol da buenos frutos, pero el árbol malo da frutos malos.
>
> No puede el buen árbol dar malos frutos, ni el árbol malo dar frutos buenos. Todo árbol que no da buen fruto, es cortado y echado en el fuego. Así que, por sus frutos los conoceréis.»
>
> —MATEO 7:15–20

Nosotros permitimos que la exactitud ensombrezca nuestro discernimiento. Si usted examina el fruto en las historias actuales de los capítulos previos, es fácil ver que hemos abrazado palabras y tal vez profetas a quienes Dios llamaría falsos.

El fruto es discernido espiritualmente

Jesús dejó en claro que juzgaremos a los profetas por sus frutos. Pablo y Juan también dicen que «examinemos» y «juzguemos» lo profético (1 Tesalonicenses 5:21; 1 Juan 4:1; 1 Corintios 14:29). Estos frutos no se disciernen a través de nuestros cinco sentidos naturales; tampoco se identifican intelectualmente. Deben ser discernidos espiritualmente. Pablo escribió: «En cambio el espiritual juzga todas las cosas... acomodando lo espiritual a lo espiritual» (1 Corintios 2:15, 13). Cuando nos arrepentimos y purgamos nuestros corazones de cualquier motivación impura, y abrazamos la verdad de Dios, entonces estamos en posición de ser sensibles a la guía del Espíritu Santo. El propósito de este libro es dar más que meros parámetros o información mental. Oro que sea un vehículo por el cual el Espíritu de Dios nos ilumine, a fin de ser adiestrados en justicia (1 Juan 2:27).

En los días de Jesús había ministros que «a la verdad, os mostráis justos a los hombres» (Mateo 23:28). Aun así, interiormente estaban llenos de envidia y codicia. Su aspecto era engañoso, hasta que las verdaderas motivaciones fueran conocidas por la luz de la Palabra viva de Dios. Jesús compara el corazón de ellos a la mala tierra que produce fruto malo (Mateo 13:1–23; 15:17–20).

Santiago nos dice:

«Pero si tenéis celos amargos y contención en vuestro corazón, no os jactéis, ni mintáis contra la verdad; porque esta sabiduría no es la que desciende de lo alto, sino terrenal, animal, diabólica. Porque donde hay celos y contención, allí hay perturbación y toda obra perversa».
—Santiago 3:14–16

Santiago revela a la atmósfera de su corazón como celosa y ambiciosa. Ambos se resumen en el término *egoísmo*.

Él continúa:

>*«Y el fruto de justicia se **siembra** en paz para aquellos que hacen la paz.»*
>
> —SANTIAGO 3:18, énfasis añadido

La siembra del celo y la ambición producen desorden y toda obra perversa. La siembra de la paz produce justicia. La paz se encuentra en el contentamiento, mientras que la ambición propia y los celos se engendran dentro de un corazón codicioso. Nuevamente encontramos el contraste entre codicia y contentamiento.

Santiago revela que toda forma de mal se encuentra en un corazón lleno de egoísmo o codicia. Esto arroja un gran entendimiento sobre las palabras de Pablo: «Pero gran ganancia es la piedad acompañada de contentamiento... porque los que quieren enriquecerse [codicia, deseos de ganancia] caen en tentación y lazo, y en muchas codicias necias y dañosas, que hunden a los hombres en destrucción y perdición» (1 Timoteo 6:6, 9). Note la expresión «caen en». Usted se cae por accidente, no a propósito. Nuevamente, esto confirma el sutil engaño detrás de la codicia.

Las motivaciones de un falso profeta

Mientras estaba en oración, Dios le dio a mi corazón esta definición de un falso profeta en la iglesia, la cual está de acuerdo con lo que hemos visto en las Escrituras:

> *«Un falso profeta es aquel que viene en mi Nombre con su propia agenda.»*

Su agenda puede estar envuelta en el ministerio, pero la motivación encubierta es la ganancia, la promoción o la recompensa. Estas motivaciones ocultas no solo engañan a otros sino a él mismo. Pablo advirtió: «Los hombres perversos y los maestros falsos serán más perversos y falsos cada día, y seguirán engañando a muchos, pues ellos mismos han sido engañados por Satanás» (2 Timoteo 3:13, BD). Note que dice «serán más perversos y falsos cada día». Durante la última década ha habido un aumento, y las líneas son cada vez más borrosas entre lo precioso y lo vil. Nos estamos acercando a la cosecha, no solo de segar lo bueno sino también lo malo. Dios me dijo:

> *«Un profeta falso usará el don que le he confiado para cumplir sus propios propósitos.»*

Esto será usado para atraer a los demás hacia ellos mismos, para proseguir con su causa, sea esta la ganancia financiera, el poder, el reconocimiento, las influencias o la aceptación. Él se engañará a sí mismo al distorsionar las Escrituras, a fin de cumplir o apoyar sus deseos.

Conocido por sus frutos

Discutamos algunos de los frutos más comunes que encontramos en los falsos profetas. Tenga en mente las palabras de Jesús: «No puede el buen árbol dar malos frutos, ni el árbol malo dar frutos buenos.» La palabra clave es *dar* o *producir*. Recuerde, Jesús dijo que el hombre no recogerá uvas de los espinos ni higos de los abrojos. ¿Por qué? No está en sus naturalezas el producir tales frutos. Sin embargo, usted puede colgar racimos de uva de un espino, o colocar higos entre los abrojos. De la misma forma, con frecuencia la acción o palabra verdadera puede encontrarse entre los falsos profetas, pero esta no se origina en ellos. Esto explica la represión de Dios a través de Jeremías:

> *«Por lo tanto, he aquí que yo estoy contra los falsos profetas, dice Jehová, que hurtan mis palabras cada uno de su más cercano.»*
> —Jeremías 23:30

La palabra no se produjo en la boca de ellos ni fue cultivada en sus corazones. Ellos las robaron de otro, quien las obtuvo de otro, quien las obtuvo a su vez de otro, y así hasta llegar a su origen, de la boca de uno que verdaderamente caminó con Dios. Sus palabras no vinieron de una íntima comunión con el Señor, impregnadas de una atmósfera de santo temor (Salmo 25:14).

Otra posibilidad es que ellos alguna vez caminaron con Dios y recibieron revelación de parte de Él. Luego sus corazones se enfriaron, como en el caso de Balaam. Pedro confirma esto: «Han extraviado el camino recto, y se han extraviado, siguiendo el camino de Balaam…» (2 Pedro 2:15). Ellos una vez conocieron y caminaron en el camino recto, pero no permanecieron. Las Escrituras describen a aquellos que han caído como «árboles otoñales, sin fruto» (Judas 1, 12). Los árboles otoñales una vez llevaron fruto, pero una cosa es conocer la verdad y otra muy diferente el vivirla. La verdad no se encuentra en la mera repetición de palabras sino en la transformación de los corazones. Los árboles otoñales ya no están más en la estación de la fruta. Eso pasó y tienen por delante al invierno. Sus hojas caen, mientras ellos se deslizan en un sueño latente. No importa cuál sea el caso, hay un común denominador a todos los falsos profetas: «…porque desde el más pequeño hasta el más grande, cada uno sigue la avaricia» (Jeremías 8:10). Ellos son egoístas. En el próximo versículo Pedro describe los resultados de los falsos líderes, los cuales también pueden aplicarse a los falsos profetas:

> *«Pero hubo también falsos profetas entre el pueblo, como habrá entre vosotros falsos maestros, que introducirán encubiertamente herejías destructoras, y aun negarán al Señor que los rescató, atrayendo sobre sí mismos destrucción repentina.»*
>
> —2 Pedro 2:1

La palabra griega para *herejía* es *hairesis*. W. E. Vine la define como «aquello que es elegido, y, por ello, una opinión, especialmente una opinión voluntariosa, que toma el lugar del sometimiento al poder de la verdad.»⁵

Los falsos maestros introducen herejías que llevan a los creyentes profesos lejos de la sumisión a la verdad, al punto de negar al Señor. Usted puede estar pensando: *«Nadie puede venir a nuestra iglesia e inducirnos a negar a nuestro Señor Jesucristo.»* Está en lo correcto; nada tan obvio podría tener éxito en el presente o en los días de Pedro. Recuerde, Pedro dijo que los maestros vendrían en lo secreto, o sin ser notados. Nadie puede confesar abiertamente la negación de Jesús en nuestras iglesias y pasar desapercibido. El siguiente versículo arroja luz sobre cómo los falsos ministros hacen esto secretamente.

> *«Todas las cosas son puras para los puros, mas para los corrompidos e incrédulos nada les es puro; pues hasta su mente y su consciencia están corrompidas. Profesan conocer a Dios, pero con los hechos lo niegan.»*
>
> —Tito 1:15, 16

Ser corrupto es haber sido contaminado. Recuerde las palabras de Dios: «Porque tanto el profeta como el sacerdote son impíos» (Jeremías 23:11). Del pasaje en Tito aprendemos que no es lo que ellos confiesan sino su forma de vida lo que niega al Señor. Jesús dijo: «Por sus frutos los conoceréis», no por lo que ellos dijeran o si los llamaran «Señor», porque con sus bocas confiesan el señorío de Cristo, profetizan y hacen maravillas en su nombre, pero no están sometidos a su señorío o autoridad (Mateo 7:15–23). Pedro continúa:

> *«Y muchos seguirán sus disoluciones, por causa de los cuales el camino de la verdad será blasfemado, y por*

---

5 W. E. Vine. *Diccionario expositivo de palabras del Nuevo Testamento*, Clíe, 1984.

*avaricia **harán mercadería** de vosotros con palabras fingidas.»*

—2 Pedro 2:2, 3, énfasis añadido

Nuevamente descubrimos la motivación de la «avaricia». Explotar —hacer mercadería— significa: «abusar, hacer ganancia a través de, tomar ventaja de». Por lo tanto, los falsos ministros toman ventaja de otros a través de palabras suaves y engañosas. Pueden sonar como la voz de Dios, pero no son las motivaciones de Él. A través del engaño y la corrupción toman ventaja del joven, el simple o del herido.

Un corazón adiestrado en la codicia

Pedro continúa diciendo que ellos tienen «el corazón habituado a la codicia» (2 Pedro 2:14). Cuando usted está habituado a algo, puede hacerlo sin pensar; se convierte en su segunda naturaleza. Cuando aprendimos por primera vez a atarnos el lazo de nuestros zapatos, fue difícil, y requirió que prestáramos atención. Ahora lo hacemos sin pensar. Estamos habituados. El mismo principio rige con alguien habituado a la codicia.

Conozco a un hombre que trabajó para un ministro que explotaba a la gente a través del correo. Consultores (expertos en codicia) venían y mezclaban lo precioso con lo vil. Exageraban y agrandaban las historias para sacar dinero. Sus cartas daban fe de la unción del líder, y prometían respuestas a las oraciones o *souvenirs* religiosos a cambio de las ofrendas. Al comienzo los empleados —y hasta la esposa del hombre— cuestionaron la decisión del líder. Pienso que, al principio, al líder también le debe haber molestado la consciencia. Pero suficientes pasajes bíblicos fueron citados fuera de contexto hasta que la consciencia de todos fue silenciada. El dinero apareció como nunca antes. Obviamente, Dios estaba bendiciéndolos y guiándolos. Los salarios y premios aumentaron, hasta que finalmente se habituaron a la codicia. Ahora explotaban la Palabra de Dios —y por lo tanto a su pueblo— sin pensarlo dos veces.

Esto actualmente sucede en abundancia. Muchos en compañías de mercadeo están contentos de ayudar a los ministros con ideas inteligentes para obtener dinero. La interpretación tergiversada de las Escrituras esconde los deseos codiciosos. El correo llega a su puerta proclamando los deseos como si fueran necesidades. Estas cartas transfieren la culpa a sus recipientes, de que si no responden la voluntad de Dios no será cumplida. ¡Ellos perderán su indulgencia o la retribución por ciento de lo que ofrendan! No estoy hablando de los esfuerzos válidos para los heridos y hambrientos, sino los de aquellos habituados a la codicia. Pablo avizoró esto proféticamente y escribió: «Aparentarán ser piadosos, pero su conducta desmentirá el poder de la piedad. ¡Con esa gente ni te metas! Así son los que van de casa en casa, cautivando a mujeres débiles…» (2 Timoteo 3:5, 6, NVI). Pero actualmente no solo las mujeres son vulnerables.

También está el mal uso de los medios masivos. Muchas de esas maratones y *teletones* son conducidas de formas piadosas. Ellos alertan y ponen al día a la gente con las necesidades genuinas del ministerio, y permiten que otros tengan la oportunidad de asociarse en su ministerio de alcanzar a los perdidos. Junto a esto se aprecia el abuso de los *teletones*. Muchos traen a expertos (ministros) quienes han probado su eficacia en batir récords en el área de levantamiento de fondos. Los he visto prometer bendiciones para todos aquellos que dan, mientras uno se queda con la impresión de que los que no responden no serán bendecidos. Hay una gran excitación y hasta favores extendidos cuando alguien responde con una gran ofrenda. Miqueas advirtió:

> «*Mi pueblo sigue caminos equivocados por culpa de los profetas que lo engañan, que anuncian paz a quienes les dan de comer.*»
>
> —MIQUEAS 3:5, DHH

Un reciente *teletón* en EE. UU. tuvo a un ministro profético que daba profecías personales a quienes ofrendaban una determinada cantidad de dinero (monto que excedía los 1000 dólares). La parte realmente triste es que muchos respondieron después de que se les prometiera una palabra personal. ¿Y qué de aquellos que no pueden dar tanto? ¿Están privados de la dirección de Dios porque no pueden pagarla? ¿Quién le compró a Jesús sanidad, liberación o alguna palabra? ¿Y qué acerca de la viuda que dio dos blancas? Jesús se sentó frente al arca de la ofrenda en el templo y miraba a la gente poner las ofrendas. Muchos de los ricos ponían grandes cantidades. ¿Por qué, entonces, hubo una pobre viuda que tiró solo dos monedas? Jesús llamó a sus discípulos y les compartió el por qué. «De cierto os digo que esta viuda pobre echó más que todos los que han echado en el arca; porque todos han echado de lo que les sobra; pero esta, de su pobreza echó todo lo que tenía, todo su sustento» (Marcos 12:41–44). Jesús prestó atención al que, a los ojos de los hombres, dio menos, sabiendo que era el que más daba a los ojos de Dios. En este *teletón* aquellos que dieron más recibieron atención o profecía. Escuchemos lo que dice Miqueas:

> «*Sus gobernantes juzgan por soborno, sus sacerdotes instruyen por paga, y sus profetas predicen por dinero; para colmo, se apoyan en el Señor, diciendo: "¿No está el Señor entre nosotros? ¡No vendrá sobre nosotros ningún mal!"*»
>
> —Miqueas 3:11, nvi

Continuamos proclamando que Dios está entre nosotros, en medio de los proyectos diseñados para obtener dinero del pueblo de Dios. Pero, ¿lo está? Hemos confundido el éxito financiero como una señal del involucramiento de Dios. Esto es erróneo. En el Antiguo Testamento los falsos profetas vivían en el lujo, mientras que los verdaderos vagaban por el desierto. Los falsos profetas eran honrados mientras vivían, mientras que los verdaderos solo lo eran después de su muerte.

Profetizar por dinero

Miqueas dice que los profetas predecían por dinero. Actualmente, estó corre rampante. Un profeta cobra cientos de dólares para prepararle una palabra personal para los próximos doce meses. Otros imparten dones proféticos por una ofrenda. Una conferencia profética nacional prometía en sus anuncios que cada uno de los registrados recibiría el ministerio profético, la activación e impartición de los dones proféticos. Suena espiritual y atractivo. Pero la línea anterior decía que se requería una cuota de inscripción. ¡Así que si yo pagaba mi cuota de inscripción, recibiría la impartición y activación de mis dones proféticos!

¿Qué acerca de la guía del Espíritu Santo? ¿Qué si Dios no quiere que esos dones preciosos sean vendidos y comprados de forma tan barata? El dinero es barato, comparado a la rendición de nuestras vidas. Pienso que los dones fueron dados por el Señor, según su voluntad. Para algunos no son dones; son adquisiciones. ¿Nos hemos convertido en aquellos que andan vendiendo puerta por puerta la Palabra de Dios por ganancia, y como mercancía sus dones? Me gustaría decirle que esta fue una oscura y desconocida reunión, pero cada uno de los ministros mencionados en esa conferencia es conocido nacionalmente.

Nosotros, los ministros, ¿hemos comercializado nuestro discernimiento, al involucrarnos con aquellos habituados a la codicia?

No estoy diciendo que esté mal cobrar una cuota de inscripción. Cualquiera que organiza una conferencia incurre en gastos que deben ser cubiertos por quienes participarán. Lo que estoy señalando es la impartición de una promesa espiritual a cambio de dinero. Está mal atraer a la gente a través de la promesa de una palabra personal. Esto atrae a la gente a prácticas no escriturales, aunque la motivación sea solamente el cubrir los gastos de la conferencia. Las cuotas de inscripción en sí mismas no son malas. Sí lo es la manipulación de la gente, al prometerle una palabra personal a todos aquellos que paguen.

¿Qué sucedería si creemos en Dios por las finanzas? ¿Es tan corto su brazo, que no puede proveer para lo que nos ha encomendado hacer? Sí, las promesas de Dios son verdaderas, y recibimos una cosecha cuando damos o sembramos, pero esta no debe ser nuestra motivación para dar o sembrar. No le podemos pagar a Dios (Marcos 10:29, 30). Si Jesús siguiera los patrones actuales, le hubiera dicho al joven rico que vendiera todo y se lo diera a su ministerio, ¡no a los pobres! Entonces habría dicho: «Oye, chico; no te vayas. ¿No te das cuenta de que si me das a mí tendrás cien veces más en retorno? ¡Este es tu jubileo!» No, Jesús nunca usó los beneficios de la obediencia para lograr que la gente lo siguiera, a pesar de que Él es nuestro jubileo.

Creo que tenemos una cuenta celestial, y que esa cuenta va creciendo a medida que damos. Pero escuche el corazón de Pablo:

«No es que busque dádivas, sino que busco fruto que abunde en vuestra cuenta».
—Filipenses 4:17

Este es el corazón de un verdadero profeta. En contraste, el falso profeta pondrá sus deseos antes que las necesidades de aquellos a quienes ministra.

Los falsos profetas desean los títulos y reconocimientos del hombre. Los verdaderos profetas nunca lo hicieron. Mire la respuesta de Juan el Bautista cuando fue interrogado por los sacerdotes y levitas sobre su verdadera identidad y posición. Cuando le preguntaron si era el Cristo, él contestó que no. Entonces «le preguntaron: ¿Qué pues? ¿Eres tú Elías? Dijo: No soy. ¿Eres tú el profeta? Y respondió: No» (Juan 1:21). ¿Por qué no reveló que era el profeta Elías, como el ángel Gabriel y Jesús le habían dicho que era (Lucas 1:16; Mateo 17:12, 13)? Creo que él no deseaba ser rotulado ni entrar en el juego político de ellos.

Estos hombres estaban pendientes de los títulos, posiciones y popularidad. Buscaban la alabanza y el reconocimiento de los hombres. No habían venido para humillarse a través del bautismo, sino para probar a Juan. Sus oídos no podían escuchar el mensaje de arrepentimiento porque estaban velados con el de la autoindulgencia religiosa y el orgullo. Fueron por curiosidad y envidia. ¿Quién era este renegado que traicionaba el *statu quo* de ellos? ¿Quién le había dado autoridad? ¿Podría llegar a estar bajo el control de ellos? Juan vio esto y los llamó «¡víboras!» Vio sus máscaras religiosas y sus motivaciones.

Finalmente, Juan describe su identidad de esta forma: «Yo soy la voz de uno que clama en el desierto: Enderezad el camino del Señor» (Juan 1:22, 23). Él desvió el centro y lo dirigió hacia el Señor. Anhelaba ver a estos líderes religiosos cautivos libres de las ataduras de sus títulos y del temor del hombre. Quería que se volvieran a Dios. Eligió las palabras con gran cuidado, buscando no mezclar sus opiniones o agenda con las del Señor.

En los días de la antigüedad, los profetas no cambiaban los mensajes para agradar a la gente. Como resultado, cuando venían a la ciudad, los ancianos les temían.

> *«Hizo, pues, Samuel como le dijo Jehová; y luego que él llegó a Belén, los ancianos de la ciudad salieron a recibirle con miedo, y dijeron: ¿Es pacífica tu venida?»*
> —1 Samuel 16:4

Primero, note que Samuel fue en obediencia al Señor. Él estaba temeroso de que Saúl no lo escuchara y lo matara, pero fue. Esta obediencia creó una atmósfera de temor santo. Los piadosos temblaban mientras él se acercaba. Pero los seminarios proféticos actuales reciben a sus asistentes que llegan con excitación, como si estuvieran asistiendo a un evento donde se adivina el futuro.

Si Dios lo ha puesto a usted en el ministerio de profeta, no tiene que poner su título u oficio espiritual debajo de su fotografía. Él lo hará conocer a través del fruto de sus palabras, así como lo hizo con Samuel, uno de los más grandes profetas del Antiguo Testamento.

«Y Samuel creció, y Jehová estaba con él, y no dejó caer
a tierra ninguna de sus palabras. Y todo Israel, desde
Dan hasta Beerseba, conoció que Samuel era fiel profeta
de Jehová.»

—1 Samuel 3:19, 20

Sus frutos revelan su llamado, así como la fruta revela la clase de árbol.

El fruto es lo que procede del corazón de una persona y es discernido espiritualmente. No todos los ministros que llevan el título de obispos, doctor, apóstol, profeta, pastor, etc. son codiciosos y desean la alabanza del hombre. Para muchos, el título es el producto de sus afiliaciones religiosas o denominacionales, y significan poco. Un título o rótulo no significa maldad de corazón, así como la ausencia de uno de ellos no significa pureza. Es el fruto lo que determina si ellos ministran sin amor a Dios y a su pueblo.

El blanco de los falsos profetas

Jesús los comparó con lobos vestidos en ropajes de ovejas. Hablemos brevemente sobre los lobos. Disfruto aprendiendo acerca del comportamiento de la vida salvaje, y he disfrutado ciertos documentales sobre este animal. Aunque mi conocimiento es limitado, su método de caza es aislar a su presa del resto del rebaño. Al dejarlo solo, le quita la protección que la manada puede ofrecerle. Entonces ataca, primero lo deja lisiado, y luego lo devora. Salomón nos advirtió:

«El que vive aislado busca su propio deseo, contra todo
consejo se encoleriza.»

—Proverbios 18:1

El aislamiento separa al creyente de la dirección y protección del pastor. Sin la protección del cuerpo, es presa fácil. Recuerde cómo Pablo advirtió frecuentemente a los ancianos:

«Porque yo sé que después de mi partida entrarán en medio de vosotros lobos rapaces, que no perdonarán al rebaño. Y de vosotros mismos se levantarán hombres que hablen cosas perversas para arrastrar tras sí a los discípulos.»

—HECHOS 20:29, 30

El más fácilmente aislado es el débil, el joven o el herido. Ellos son los más susceptibles a la falsa profecía. El joven es fácilmente aislado porque no está maduro ni es habilidoso en la Palabra de Dios. Todavía debe desarrollar discernimiento. Como iglesia debemos protegerlos. Jesús le encargó a Pedro alimentar y cuidar o proteger tanto a sus *corderos* como a sus ovejas (Juan 21:15, 16). Esta es la responsabilidad del verdadero pastor. La palabra pura de Dios guarda y protege a los creyentes jóvenes de las trampas de las falsas palabras. Los nuevos convertidos de la iglesia primitiva «Se mantenían firmes en la enseñanza de los apóstoles, en la comunión, en el partimiento del pan y en la oración» (Hechos 2:42, NVI).

Las ovejas débiles también son fácilmente aisladas, por su falta de fortaleza en la palabra de justicia (Hebreos 5:13). Para contrariar esto somos amonestados:

«así que, los que somos fuertes debemos soportar las flaquezas de los débiles, y no agradarnos a nosotros mismos».

—ROMANOS 15:1

Sin embargo, he encontrado que el blanco número uno de los falsos profetas es el herido u ofendido. Ellos son los más vulnerables, *porque la gente ofendida se aísla a sí misma.* Proverbios 18:19 nos dice: «El hermano ofendido es más tenaz que una ciudad fuerte.» Las ciudades fuertes tenían paredes a su alrededor. Los muros las protegían y guardaban de los no deseados y de aquellos a quienes eran deudores. De la misma forma, las personas ofendidas construyen muros de protección alrededor de sus corazones. Pueden sentarse en una congregación de miles, pero seguir solos. Pueden ser miembros de grandes familias, y aun así estar aislados en sus corazones. Se alejan para protegerse, sin darse cuenta de que se tornan más vulnerables al engaño o a los falsos profetas. Jesús predijo esto en los últimos días:

> *«Muchos tropezarán entonces, y se entregarán unos a otros, y unos a otros se aborrecerán. Y muchos falsos profetas se levantarán, y engañarán a muchos.»*
> —MATEO 24:10, 11

Los *muchos* a quienes los *muchos* falsos profetas engañan, son los *muchos* que están ofendidos. Una ofensa nos pone susceptibles a la adivinación. Con frecuencia ellos usan palabras que traen a la mente heridas y dolores pasados, mientras los lisonjean en sus ofensas. Esto ciega el discernimiento de ellos y hace permanecer el enfoque en ellos mismos. Esas palabras no los animan a perdonar y tomar la cruz, lo que significa la negación propia. Durante esa clase de palabra, la persona ofendida deja caer brevemente una porción del muro, dejando una apertura lo suficientemente grande como para abrazar lo que le están diciendo. La persona se apartará de cualquiera que no apoye la palabra, y se acercará al que la dio. Frecuentemente, se aparta de los pastores y amigos.

Resumen

Solo he tocado este tema, pero quiero reiterar la diferencia más importante entre un verdadero y un falso profeta:

> *«Un falso profeta usa los dones que Dios le dio para atraer a los demás hacia él mismo. Un profeta verdadero los atrae al corazón de Dios.»*

Cuando usted sale de la reunión de un verdadero profeta, deberá sentir un intenso deseo de buscar a Dios. Sus palabras lo regresarán a Jesús nuevamente, o aguzará su enfoque presente. Habrá una nueva claridad. En contraste, cuando usted sale de la reunión de un falso profeta, se encontrará deseando regresar por otra palabra en cualquier momento que necesite ánimo o dirección. Hay un gran peligro cuando abrazamos a otro mediador en lugar de Cristo. El Señor rompe el velo para que el hombre pueda entrar a la presencia del Padre. Allí, en su presencia, es donde usted encontrará el cumplimiento de cada necesidad y deseo más profundo.

capítulo14

El amor por la verdad

Cuando Jesús nos advirtió «Mirad que nadie os engañe», Él comunicó que *es nuestra responsabilidad guardarnos del engaño* (Mateo 24:4). Esta advertencia tiene poco valor, a menos que nos demos cuenta y establezcamos en nuestras mentes que el camino de la verdad nunca es fácil. De hecho, se nos promete que estará acompañado por pruebas (Marcos 4:17). La tribulación y el sufrimiento son compañeros de viaje en el camino de la obediencia. Aquellos que son proclives a la comodidad y tranquilidad se encontrarán virando hacia el camino de «la buena vida», especialmente cuando eso va acompañado de «palabras del Señor».

Somos responsables

Un excelente ejemplo de palabra falsa de comodidad se encuentra en 1 Reyes 13. Dios envió un profeta a Betel a confrontar al malvado rey Jeroboam. Dios le dio al mensajero instrucciones muy específicas: no comería ni bebería, ni volvería por el mismo camino. Él obedeció y entregó el mensaje de Dios con poder y autoridad. El rey se puso furioso y alzó su mano para arrestar a este hombre de Dios y esta se le secó. El rey, entonces, rogó al profeta que intercediera a su favor. El hombre de Dios oró y la mano del rey fue restaurada a su estado normal. Un agradecido —aunque no arrepentido— Jeroboam invitó al profeta a que se uniera a él en el palacio, para refrescarse y ser recompensado. Sin dudar, el profeta rechazó la invitación del rey, y repitió la instrucción divina: «Porque así me está ordenado por palabra de Jehová, diciendo: No comas pan, ni bebas agua, ni regreses por el camino que fueres» (1 Reyes 13:9). En obediencia, inmediatamente partió por una ruta diferente a su hogar en Judá.

La palabra de esto se desparramó rápidamente, y un viejo profeta que habitaba en Betel persiguió a este joven profeta. Lo encontró sentado bajo una encina, descansando. Su viaje había sido largo y la confrontación intensa. Estaba hambriento, sediento y débil, ¡lo cual significa que era vulnerable! Es en este lugar de prueba y dificultad que el engaño busca golpear.

El viejo profeta lo invitó a que regresara con él para refrescarse y tener compañerismo. Nuevamente, el hombre de Dios repitió sus instrucciones: «No podré volver contigo, ni iré contigo, ni tampoco comeré pan ni beberé agua contigo en este lugar. Porque por palabra de Dios me ha sido dicho: No comas pan ni bebas agua allí, ni regreses por el camino por donde fueres» (1 Reyes 13:16, 17).

El viejo profeta contestó rápidamente: «Yo también soy profeta como tú, y un ángel me ha hablado por palabra de Jehová, diciendo: Tráele contigo a tu casa, para que coma pan y beba agua» (1 Reyes 13:18). Dios debía haber visto que estaba cansado, y cambió de idea. Tal vez había sido suficiente que rechazara al rey. Tal vez Dios no quiso significar lo que había dicho. No, las Escrituras explican: «El otro [el viejo profeta] le dijo, mintiéndole.»

Es importante notar que Dios odia cuando su nombre es usado para dar autoridad a nuestras propias agendas. Él dice de modo terminante a través del profeta Jeremías:

> *«Pero no deberán mencionar más la frase "Mensaje del Señor", porque el mensaje de cada uno será su propia palabra, ya que ustedes han distorsionado las palabras del Dios viviente, del Señor Todopoderoso, nuestro Dios.»*
> —JEREMÍAS 23:36, NVI

Dios dice que cuando la gente usa su nombre para llevar sus propias ideas distorsionan las palabras del Dios viviente. Esto trae confusión, dudas y racionalización. Nos lleva a inclinarnos hacia nuestro propio entendimiento, y alejarnos del camino recto.

Lo que engaña no es aquello que es obvio

Este joven hombre de Dios dejó el camino recto, el cual le traía incomodidad, para seguir al viejo profeta a un lugar cómodo. En ese momento—y en su condición—la mentira parecía más razonable que la verdad de Dios, pero esta comodidad temporal le costó un alto precio. Mientras comían, la palabra del Señor vino al viejo profeta:

> *«Así dijo Jehová: Por cuanto has sido rebelde al mandato de Jehová, y no guardaste el mandamiento que Jehová tu Dios te había prescrito, sino que volviste, y comiste pan y bebiste agua en el lugar donde Jehová te había dicho que no comieses pan ni bebieses agua, no entrará tu cuerpo en el sepulcro de tus padres.»*
> —1 REYES 13:21, 22

A las pocas horas de haber dado una falsa palabra, el viejo profeta dio un verdadero mensaje del Cielo. Nuevamente, como vimos con Balaam, un profeta corrupto puede tener el genuino don de profecía operando en su vida. El desobediente joven profeta dejó la casa del viejo profeta, fue atacado por un león y muerto a las pocas horas, cumpliéndose así la palabra del Señor.

Aunque una suntuosa recompensa y el banquete en el palacio era más cautivante que el pan y el agua en la casa del profeta, este joven no tuvo problema en rechazar al rey. No hacía falta un gran discernimiento para ver a través de la oferta del rey. Pero cuando un colega profeta o creyente vino con una palabra que le ofrecía comodidad a este cansado profeta, fue atrapado. Él pensó que se trataba de la bendición de Dios por su obediencia. Transcurrió poco tiempo antes de darse cuenta de que pronto acarrearía con las consecuencias de su elección, aun cuando actuó de buena fe ante la mentira del viejo profeta.

¿Ha cambiado Dios su forma de mirar las cosas actualmente? ¿O hemos modificado nuestra visión para que entre en nuestra flaqueza? No es necesario mucho discernimiento para reconocer y evitar los líderes malvados o los que están en un error manifiesto. Esos son lobos en pieles de lobos. EL la forma sutil la que nos confunde; los lobos en ropaje de ovejas, quienes traen palabras suaves y dones espirituales. He hablado a pastores de congregaciones aguijoneadas por ministerios contaminados. Están aturdidos, mientras preguntan: «John, ellos hicieron algo bueno, y sé que había un don genuino trabajando en ellos. ¿Cómo, pues, puede haber tanta devastación viniendo de ellos? ¿Cómo lo bueno está tan enredado con lo malo?» Cuando les pregunto cuál es el fruto final de esas reuniones, admiten rápidamente: la confusión y la destrucción.

No podemos abrirnos al punto de abrazar cualquier palabra que venga de cualquier persona. Debemos darnos cuenta de nuestra responsabilidad en discernir lo verdadero de lo falso. Aquellos que están en el liderazgo deberán rendir cuentas por quienes les han sido confiados a su cuidado, los que han sido saqueados y engañados por las falsas palabras, a las cuales se han sujetado en lugar de confrontar. Dios ha dado una forma de identificar y escapar de las mentiras y el engaño.

El amor hacia la verdad

Pablo explica que el motivo por el cual tantos son llevados por mal camino en estos últimos días es porque «no recibieron el amor de la verdad para ser salvos» (2 Tesalonicenses 2:10). El amor por la verdad agudiza nuestro discernimiento y nos guarda del error. Quienes han desarrollado este amor nunca elevarán un don (como la profecía) sobre la sabiduría de Dios. El amor hacia la verdad siempre elige someterse a la obediencia, aun cuando no puedan ver ningún beneficio personal en ello. Esto nos guarda contra cualquier mentira confortable o engaño rotulado con un «Así dice el Señor».

En el incidente de hombre de Dios joven y el viejo profeta encontramos una clave para esta falta de discernimiento. Cuando se le ofreció una «palabra» que podía aliviar su prueba, él repitió sus instrucciones: «No podré volver contigo, ni iré contigo, ni tampoco comeré pan ni beberé agua contigo en este lugar. Porque por palabra de Dios me ha sido dicho: No comas pan ni bebas agua allí, ni regreses por el camino por donde fueres» (1 Reyes 13:16, 17). Sin embargo, escondida en esta respuesta está su voluntad. Encontramos esto en las palabras «no podré». La dificultad y la incomodidad se habían establecido. La tarea estaba ya casi realizada, y su entusiasmo estaba menguando. La palabra del Señor ya no lo dirigía ni llenaba; lo refrenaba.

Contrastemos las palabras «no podré» con las de David. Él dijo: «El hacer tu voluntad, Dios mío, me ha agradado, y tu ley está en medio de mi corazón» (Salmo 40:8). Y nuevamente en el Salmo 119:47, dice: «Y me regocijaré en tus mandamientos, los cuales he amado.» David amaba la verdad aun cuando aquellos cercanos a él trataban de disuadirlo. Su amor por la verdad bloqueó cualquier engaño hacia su corazón.

Un ejemplo de esto se encuentra mientras David se escondía en el desierto, evitando la cólera de Saúl. Él ya había probado su inocencia ante el rey (ver 1 Samuel 24). Aun así, Saúl y 3000 soldados lo perseguían en el desierto de Zif. Era claro para David que Saúl estaba determinado a matarlo.

Cierta tarde, David y Abisai se deslizaron en el campamento de Saúl. Ningún guardia los vio, porque Dios había puesto al campamento entero en un sueño profundo. Ellos se escurrieron entre el ejército de hombres dormidos, hasta que se pararon frente al también durmiente Saúl.

Abisai rogó a David: «Hoy ha entregado Dios a tu enemigo en tu mano; ahora, pues, déjame que le hiera con la lanza, y lo enclavaré en la tierra de un golpe, y no le daré segundo golpe» (1 Samuel 26:8).

Abisai tenía muchos buenos motivos por los cuales David le debiera haber asestado un golpe a Saúl. Primero y más importante, Saúl había asesinado a ochenta y cinco sacerdotes inocentes, a sus esposas e hijos; ¡a sangre fría! La nación estaba en peligro bajo el liderazgo de tan perverso hombre.

Segundo, Dios había ungido a David como el próximo rey de Israel, por la palabra de Samuel. Ya era tiempo de que David reclamara su herencia. ¿Quería él terminar como hombre muerto, y no dejar que la profecía se cumpliera?

Tercero, ¿no estaban Saúl y su ejército de 3000 listos para matar a David y sus hombres? Ahora era el tiempo de matar o ser muerto. Seguramente, esto sería «defensa propia». Abisai sabía que cualquier corte de justicia absolvería las acciones de ellos.

Cuarto, ¿no era Dios quien había puesto a dormir tan profundamente al ejército, para que pudieran llegar caminando hasta Saúl? Esta era una oportunidad dada por Dios, y tal vez nunca se repetiría. ¡Ahora era el momento oportuno para el cumplimiento de la palabra!

Aunque estas razones sonaban buenas, tenían sentido y fueran presentadas por boca de un hermano estimulante, era, de hecho, una prueba para David. Todos los argumentos de Abisai eran ciertos, pero no *verdad*. Dios probó a David para ver cómo respondería. ¿Qué clase de rey sería? ¿Ejercitaría su autoridad para servir a otros, o a sí mismo? ¿Actuaría como juez, o daría lugar al justo juicio de Dios? David sabía que Saúl no era su siervo, para juzgarlo. Si hubiera codiciado el trono al fin, hubiera ordenado matarlo. Mientras David miraba el contorno oscuro de Saúl, vio algo más. Vemos esto en su respuesta:

> *«No le mates; porque ¿quién extenderá su mano contra el ungido de Jehová, y será inocente? ... Guárdeme Jehová de extender mi mano contra el ungido de Jehová...»*
> —1 SAMUEL 26:9, 11

David vio la mano del Señor entre él y Saúl. Su amor por la verdad de Dios lo contuvo de tomar por la fuerza lo que Dios le había prometido, aunque el matar a Saúl hubiera puesto fin a esta situación tan incómoda. Aunque fugitivo, estaba libre de la codicia que atormentaba a Saúl. Quería la verdad exaltada sobre su propio bienestar. Esta búsqueda de bienestar le costó al joven profeta su vida por el engaño. Él dejó la palabra de Dios y se volvió al razonamiento de los falsos.

Si vamos a caminar libres del engaño, deberemos permitir al Espíritu Santo que desarrolle en nuestro interior un amor consumidor por la verdad. ¿Cómo se llega a tal lugar? Por confiar en la fidelidad de Dios. David escribió:

> *«Confía en Jehová, y haz el bien; y habitarás en la tierra; y te apacentarás de la verdad. Deléitate asimismo en Jehová, y él te concederá las peticiones de tu corazón. Encomienda a Jehová tu camino, y confía en él; y él hará. Exhibirá tu justicia como la luz, y tu derecho como el mediodía. Guarda silencio ante Jehová, y espera en él.»*
> —SALMO 37:3–7

David nos instruye a confiar en Jehová, mientras esperamos que sus promesas se cumplan. Ha habido tiempos en que el recitar las promesas ya no alimentaban mi alma. La adversidad se me acercaba, mientras que las respuestas permanecían más allá de mi alcance. En esos tiempos me animaba en el Señor. Yo confiaba en su fidelidad, sabiendo que Él cumpliría sus palabras justas. Durante el incómodo proceso de espera, me fue acercada una forma de salir de él, pero en lo profundo de mi corazón sabía que no era el camino de Dios.

Dios promete conceder los deseos de nuestro corazón, según los Salmos. Muchos de nosotros somos culpables de aplicar mal este pasaje. Lo vemos como una palabra para cumplir nuestros deseos codiciosos, pero no es lo que David estaba diciendo. Él nos exhorta a deleitarnos en Él, y comprometer a Él nuestros caminos, porque Dios, en retribución, pondrá deseos justos en nosotros, y hará que se cumplan. Al examinar la vida de aquellos que caminaron cerca del Señor en el Nuevo Testamento, descubrimos que su mayor deseo era conocer a Dios íntimamente, y ver a otros caminar con Él.

Pablo lo expresa de esta forma: «El anhelo de mi corazón, y mi oración a Dios por Israel, es para salvación» (Romanos 10.1). ¿Escuchó sus deseos? No eran de ganancia personal, comodidad o reconocimiento. En lugar de eso, era que la pasión de Dios por la salvación de Israel ardiera en él. De hecho, él abandonó sus propios derechos y privilegios, por el bien de no ver su deseo impedido. Escuche su corazón mientras escribe: «Sino que lo soportamos todo con tal de no crear obstáculo al evangelio de Cristo» (1 Corintios 9:12, NVI). Hubiera sido difícil engañar a tal hombre. ¡Que Dios nos ayude a todos!

Juan el apóstol, fue otro. Él escribió: «No tengo mayor gozo que este, el oír que mis hijos andan en la verdad» (3 Juan 4). Él se hizo eco de los grandes deseos de Pablo. Otros en el Nuevo Testamento tuvieron la misma actitud. No encontramos nada en la expresión de sus deseos sobre su propia comodidad, éxito o prosperidad financiera.

Pablo describe a nuestros días como difíciles o peligrosos porque el amor al yo, al dinero y a los placeres ensombrecerán el amor a la verdad. Los corazones se apartarán mucho de los motivos de David, Pablo o Juan. A causa de esto, ellos «siempre están aprendiendo, y nunca pueden llegar al conocimiento de la verdad» (2 Timoteo 3:1–7). Aunque pueden viajar a iglesias y conferencias, o seminarios y campamentos, permanecen sin cambiar. Reúnen información sin transformación. Información no es conocimiento. Este viene a través del hambre, la humildad y la aplicación. Dios reserva el conocimiento para aquellos que lo aman.

La religión puede ser celosa y apasionada. Los fariseos eran lo suficientemente apasionados como para matar por lo que creían. Pero usted puede amar a la doctrina o la religión, y aun así no amar a la verdad. La verdad no es una enseñanza; solo se encuentra en la persona de Jesús. Él prometió: «Yo soy el camino, y la verdad, y la vida» (Juan 14:6).

Aquellos que aman la verdad aman a Jesús. Abrazan y obedecen la Palabra de Dios, aun lo que pueda parecer llevar a su propio dolor. Desean el cumplimiento de la Palabra de Dios, no por el amor al yo sino porque aman a Dios. Su mayor deseo es ver a otros en la voluntad y presencia de Dios. Ellos sufrirían deseosamente en obediencia a todo el consejo de Dios, más que aferrarse a una palabra personal de éxito o comodidad, a expensas de la verdad. Ellos toman la cruz y rinden sus vidas.

Esta clase de sumisión exhibe la verdadera humildad. La humildad no es opresiva o restrictiva, sino un acuerdo con la verdad. Encontramos esto cuando rendimos nuestra agenda, deseos y voluntad, y llegamos a ser apasionados por cumplir los de Dios. Aunque esto no es fácil, el humilde está impulsado por la gracia de Dios, y su gracia es más que suficiente para guardarnos del engaño (1 Pedro 5:5).

> *«Si escuchamos palabras en nuestra mente o nos son dadas por otros sin el testimonio de la paz, esa palabra deberá ser rechazada. El testimonio de la paz es el árbitro o quien toma la decisión».*

capítulo 15

Poner a prueba y manejar la profecía personal

En la actualidad muchos son animados a ir y buscar palabras de un profeta. Esta idea se origina en las prácticas del Antiguo Testamento de consultar al profeta pidiéndole dirección. Pero, ¿estamos todavía bajo el Antiguo Testamento? ¿Habla Dios solamente a través de los profetas? No, Dios declara con claridad:

> *«Dios, que muchas veces y de varias maneras habló a nuestros antepasados en otras épocas por medio de los profetas, en estos días finales nos ha hablado por medio de su hijo.»*
>
> —Hebreos 1:1, 2, nvi

El Espíritu de Dios no habitaba en los judíos del Antiguo Testamento de la forma en que lo hace en los creyentes hoy día. Antes del sacrificio de Cristo, Él estaba solamente sobre individuos seleccionados, usualmente profetas o sacerdotes. Por lo tanto, los antepasados, para preguntar al Señor, debían ir ya sea a un profeta o a un sacerdote. No es así en el Nuevo Testamento. Jesús dijo acerca del Espíritu Santo que sería dado a cada creyente:

> *«…mora en vosotros y estará en vosotros… él os guiará a toda la verdad; porque no hablará por su propia cuenta, sino que hablará todo lo que oyere, y os hará saber las cosas que habrán de venir.»*
> —JUAN 14:17; 16:13

Él toma las cosas de Dios y nos las revela. No viene en su propia autoridad sino en la de Cristo, y habla las palabras de Jesús, no las suyas. Esto repite el patrón de Dios y el Padre. Jesús vino como la Palabra de Dios, y el Espíritu Santo viene como la Palabra del Hijo. No hay otro mediador a través del cual podamos consultar al señor. Jesús resumió esta nueva y viviente forma a sus discípulos.

> *«De cierto, de cierto os digo, que todo cuanto pidiereis al Padre en mi nombre, os lo dará. Hasta ahora nada habéis pedido en mi nombre; pedid, y recibiréis, para que vuestro gozo sea cumplido.»*
> —JUAN 16:23, 24

Santiago también confirma nuestra habilidad para preguntar directamente:

> *«Y si alguno de vosotros tiene falta de sabiduría, pídala a Dios, el cual da a todos abundantemente y sin reproche, y le será dada.»*
> —SANTIAGO 1:5

Note que Santiago no dice: «Busquemos a los profetas para preguntarles sobre Dios.» Los mediadores proféticos no se encuentran en el Nuevo Testamento. Jesús es nuestro mediador (1 Timoteo 2:5). Si necesitamos preguntar, nos acercamos al Padre en el nombre de Jesús. Los santos del Antiguo Testamento no tenían este privilegio.

Si Dios tiene una palabra que quiere darnos, puede, a veces, usar un mensajero profético, pero nosotros no vamos a buscar un profeta. Buscamos al Señor. He aprendido de dos escenarios diferentes en los que Dios envía mensajeros. Aunque tal vez debe haber otros, estos son los más comunes. Primero, si por algún motivo no podemos escuchar lo que Él nos está hablando, puede hacerlo a través de otro. Con frecuencia esto puede deberse a que los corazones se han endurecido por la desobediencia. En este caso, Dios envía un mensajero para llamarnos a la obediencia.

El segundo caso en el cual Dios nos habla a través de otro, es cuando la tribulación intensa o la persecución nos espera adelante. Él nos armará con una palabra de fortaleza para que podamos pelear efectivamente (1 Timoteo 1:18).

Estándares para discernir

Las Escrituras nos dicen que debemos juzgar tanto a la profecía (1 Corintios 14:29; 1 Tesalonicenses 5:21) como al espíritu de aquel que la entrega (1 Juan 4:1) antes de recibirla. ¿Cómo es esto? Una fórmula sería restrictiva y, posiblemente, dañina. Al leer los ejemplos en este libro junto con la Palabra de Dios, este equipamiento ha comenzado. Sin embargo, hay unas pocas verdades clave para tener en cuenta cuando uno juzga determinada palabra.

Primero, desnudemos la falacia que hemos usado para juzgarla en el pasado: la profecía confirma lo que ya está en su corazón. Esto no siempre es verdad. Acab escuchó lo que deseaba oír de parte de los 400 profetas de Israel. Ellos le profetizaron éxito contra los sirios, y le confirmaron sus planes de guerra. Pero aprendimos que esta palabra fue dada de acuerdo a la idolatría de su corazón. Esta idolatría lo llevó a la muerte.

Miremos al Nuevo Testamento. Jesús le dijo a Pedro que lo negaría tres veces antes de que el gallo cantara. Esto no solo no confirmó lo que había en el corazón de Pedro, sino que él argumentó y declaró fuertemente que antes moriría. Aunque el discípulo no aceptó la palabra de Jesús, esta se cumplió.

Otro concepto equivocado, ampliamente aceptado, es: si usted no está seguro acerca de una palabra, póngala en un estante, y si es la voluntad de Dios, se cumplirá. Poner algo en una repisa no es tratar con las fuerzas espirituales detrás de la palabra. Si es falsa, nos inutilizará; la contaminación y el engaño tomarán lugar. La Palabra de Dios nos dice que la juzguemos, no que la acomodemos en un estante.

La palabra escrita de Dios

Nuestro primero y más importante estándar para juzgar cualquier palabra, es que no debe contradecir a la Palabra de Dios. Es interesante notar una palabra final de advertencia en la Biblia:

> «*A todo el que escuche las palabras del mensaje profético de este libro le advierto esto: Si alguno le añade algo, Dios le añadirá a él las plagas descritas en este libro.*
> »*Y si alguno quita palabras de este libro de profecía, Dios le quitará su parte del Árbol de la Vida y de la Ciudad Santa, descritos en este libro*».
> —Apocalipsis 22:18, 19, nvi

Creo que esto no se aplica solo al libro de Apocalipsis sino a todas las Escrituras, porque la Biblia es un libro profético. Apocalipsis es el capítulo final de Dios de todos los escritos bíblicos, y Él quiere que esta advertencia sea firme en este final.

No creo que es coincidencia que dicha advertencia esté en ese lugar de la Biblia. Proverbios reitera:

> *«Toda palabra de Dios es limpia;*
>   *él es escudo a los que en él esperan.*
> *No añadas a sus palabras,*
>   *para que no te reprenda,*
> *y seas hallado mentiroso».*
> —PROVERBIOS 30:5, 6

En este libro he tratado lo mejor que pude de respaldar cada pensamiento y ejemplo con la palabra escrita de Dios. Aunque muchos ejemplos de palabras proféticas no contradicen un capítulo y versículo, aun así deben ser juzgados a la luz de la palabra escrita de Dios.

El Espíritu Santo como testigo

Nuestro segundo salvaguarda es el testimonio interno del Espíritu Santo. En algunos casos, este puede ser el único recurso que tengamos, tales como cuando los mensajes proféticos no pueden ser confirmados por la palabra escrita de Dios. Pablo nos dice: «Porque todos los que son guiados por el Espíritu de Dios, estos son hijos de Dios» (Romanos 8:14). Note que seremos guiados por el Espíritu de Dios, no por la profecía. La profecía estará sujeta al Espíritu y será juzgada por Él. Pablo nos dice de la preminente forma en que el Espíritu Santo nos guía:

> *«El Espíritu mismo da testimonio a nuestro espíritu…»*
> —ROMANOS 8:16

Note que Él da testimonio a nuestro espíritu. Esto levanta dos puntos importantes. Primero, este testigo no está en nuestras cabezas sino en nuestros corazones. Segundo, su testimonio no se encuentra en las palabras sino en la paz, o en la falta de ella. Pablo expone en su carta a otra iglesia:

«Y la paz [armonía del alma que viene de] de Dios gobierne [actuar como árbitro continuamente] en vuestros corazones [decidiendo y estableciendo con determinación todas las preguntas que se levantan en sus mentes], a la que asimismo fuisteis llamados en un solo cuerpo; y sed agradecidos.»
—COLOSENSES 3:15, contenido entre corchetes agregado de la versión amplificada en inglés

No importa si esta palabra viene de otro o si la hemos escuchado en nuestros corazones, el testigo de paz experimentado a través del Espíritu de Cristo será el árbitro en todo tiempo. Si sentimos paz en nuestros corazones, entonces es la confirmación de verdad del Espíritu Santo. Si no hay descanso o tenemos aflicción en nuestros corazones, no es el Espíritu de Dios quien ha hablado.

Nunca enfatizaremos demasiado sobre esto. Debemos establecer firmemente este hecho en nuestras mente. Si escuchamos palabras en nuestra mente o nos son dadas por otros sin el testimonio de la paz, esa palabra deberá ser rechazada. El testimonio de la paz es el árbitro o quien toma la decisión.

Cuando necesitábamos un administrador para nuestra operación ministerial, busqué por casi un año para encontrar la persona correcta. Durante este período de tiempo se me recomendaron cuatro buenos hombres. Revisamos sus currículos y entrevistamos a dos de ellos. Tres de ellos calificaban más allá de mis sueños. Uno tenía premios militares como administrador. Otro administró una compañía pequeña desde sus comienzos hasta que se convirtiera en una gran corporación en unos pocos años; el último tenía más de veinte años como administrador de un muy reconocido y respetado ministerio internacional.

A pesar de sus brillantes logros, no teníamos paz en nuestros corazones. Los amigos me cuestionaban, mientras mi propio intelecto clamaba. Yo me preguntaba: «*¿Te has vuelto tan religioso que no puedes ni siquiera emplear a un buen hombre cuando lo ves?*» Con cada rechazo pensaba: «*¿Tendré alguna vez la ayuda que necesitamos?*» Con la tercera persona, me dije a mí mismo que seguiríamos adelante. Pero en lo profundo de mi corazón no había paz. Esta intranquilidad llegó a ser tan fuerte que, finalmente, me di cuenta de que emplear a esta persona, definitivamente, no era de Dios, y Dios era misericordioso.

Durante el transcurso de todo esto, mi esposa insistía: «Antes de emplear a alguien, debes hablar Con Scott.» Él nos había ayudado unas pocas veces como voluntario. Después de ver a todos los demás, le pregunté si estaría interesado. Scott oró y dijo que sí lo estaba. El día que se encontró con nosotros en mi oficina, la paz y la presencia de Dios inundaron los corazones de mi esposa y mío, como también la atmósfera de la oficina. Durante la entrevista cruzábamos miradas de sorpresa entre mi esposa y yo. Estábamos *shockeados* al sentir tal paz, cuando antes solamente habíamos sentido intranquilidad. Sabíamos sin ninguna duda que esta era la elección de Dios, porque el Espíritu Santo nos abrumó con el testimonio. Scott es una gran bendición al equipo del ministerio. Todos los otros hombres eran piadosos, pero no eran la elección de Dios para esa posición.

El árbitro es la paz, no la exactitud

Con el paso de los años se me han dado tantas palabras que no puedo recordarlas todas. Sin embargo solo unas pocas eran, en verdad, palabras de Dios. Esas las recuerdo como si hubiera sido ayer. Cuando Dios habla, usted no lo olvida. Hubo un común denominador entre todas esas palabras verdaderas: en cada una sentí la presencia de Dios, y hubo un testimonio de paz en mi corazón. Hasta las palabras que trajeron corrección y condena a mi vida estaban acompañadas por este testimonio de paz.

Mi primer año como pastor de jóvenes en los ochentas experimenté mucho éxito y aceptación. Después de haber estado en mi posición durante un año, un pastor visitante a quien conocía y respetaba, dijo:

—John, Dios me ha dado una palabra para ti. Él me dijo que estas a punto de pasar un proceso difícil, y que Él usará a esta iglesia para traerlo. Será duro, pero saldrás de él caminando más cerca del Señor y con mayor autoridad en tu ministerio.

Él no podía haber sacado este mensaje de ninguna información natural. Yo acababa de participar en una reunión de la iglesia donde había compartido con la congregación sobre un muy poderoso viaje misionero, del que acabábamos de retornar con cincuenta y seis de nuestros jóvenes. Hasta había dado un reporte en nuestro programa juvenil de televisión. Las cosas eran maravillosas, y yo estaba «por las nubes». Esta palabra no condecía con los últimos doce meses. Sin embargo, mientras él hablaba yo sentí un fuerte testimonio en mi corazón. Había paz; ciertamente no una excitación emocional, sino un conocimiento de que provenía de Dios.

Durante los próximos meses parecía como si todo el infierno se había desatado en mi contra. Las adversidades se levantaban a mi alrededor. Algo se debía a mi inmadurez, pero la mayoría no tenía nada que ver con lo que yo hubiera hecho. La prueba más difícil vino de parte de un hombre a quien yo no le gustaba, ni los mensajes que predicaba a los jóvenes. Normalmente, esto no me hubiera molestado, pero él estaba en una posición de autoridad sobre mí. Dios me había hecho dar una palabra fuerte de pureza y arrepentimiento a los jóvenes, y su hijo estaba en el grupo.

La condena conmovió el corazón de su hijo. Él vino a nosotros conflictuado, planteando que el estilo de vida que veía en la casa no condecía con el que había sido desafiado a vivir. Este y otros conflictos personales hicieron que su padre se determinara a deshacerse de mí. Por lo tanto, fue ante el pastor principal a descargar su enojo en mi contra con falsas acusaciones. Entonces él vino a decirme que el pastor principal estaba en mi contra, pero que él estaba apoyándome. Podía sonreír ante mí, aunque intentaba destruirme.

Esto fue en aumento hasta que convenció al pastor principal de que me despidiera. En el día en que debía ser despedido, el pastor principal cambió de idea. Unos pocos meses después, cuando me encontraba fuera de la ciudad, todo el mal que este hombre había hecho fue expuesto, y él fue quien debió irse. Este y otros incidentes hicieron que ese año fuera uno de tal refinamiento en mi vida como nunca antes había conocido.

Recuerdo cómo aquella palabra me fortaleció durante los tiempos difíciles. Me animaba a mí mismo en ella, y por ella batallaba con el desánimo y la desesperación que atormentaba mi mente. Muchas veces me recordé a mí mismo que Dios ya había visto que esta situación vendría, y en toda la prueba había una promesa de acercarme más a Él. Desde el principio sabía por el testimonio que esta era una palabra profética verdadera para mí. En retrospectiva, aquel año forjó mucho crecimiento de carácter, más de lo que había experimentado antes. Tal como la palabra había dicho, de la prueba vendría un caminar más cercano con Jesús, y su santa sabiduría y fortaleza.

Por el otro lado, he recibido palabras que eran sorprendentemente exactas acerca de mi pasado y presente; aun así, no traían consigo el testimonio de la presencia o paz de Dios. Un incidente que sucedió años atrás sobresale en la memoria. Fui nombrado en una reunión profética. Este hombre nunca me había visto antes. Aun así habló con gran exactitud sobre mi pasado y presente. Mientras hablaba, pensé: «*Esto es asombrosamente exacto, pero ¿por qué no siento la presencia o el testimonio de Dios?*» Lo que él decía era muy emocionante, y era lo que yo deseaba oír, así que ignoré la falta de testimonio en mi corazón.

Acepté sus palabras, basado en la exactitud. Como consecuencia, comencé a ver todo desde ese punto de vista, filtrándolo a través de lo que él había dicho. Esto causó que tanto mi esposa como yo tuviéramos mucha intranquilidad. Pasaron unos pocos años, y uno de los puntos clave que el hombre había dicho que sucedería, no sucedió. De hecho, se hizo verdad lo opuesto. Era algo sobre lo que no teníamos control, y esto abrió nuestros ojos a cuán inútiles habíamos sido. Habíamos estado en un limbo, mirando todo desde la perspectiva errónea de sus palabras.

Antes de entender las verdades que están en este libro, yo era vulnerable a las palabras que eran exactas pero que carecían del testimonio del espíritu de Dios. Permitía que ellas afectaran incorrectamente mi visión y expectativa del futuro. Debido a que Dios reveló lo que estoy compartiendo en este libro, ha sido más fácil reconocer cuando es Él quien, en verdad, está hablando. Es mi oración que este libro le dé a usted esta claridad.

Cómo manejar la falsa profecía

Usted puede estar preguntando: ¿Qué hago si he recibido una palabra que sé que no es de Dios? Si viene de un compañero creyente quien no es un líder sobre usted, lo mejor es detenerlo tan rápido como se da cuenta de que es falso. Algunos años atrás yo estaba con varios matrimonios cristianos en un hogar. Hacia el fin de la noche comenzamos a orar, y una mujer en el grupo comenzó a dar palabras. Cuando se acercó a mí no tuve paz, ni sentí la presencia testimonial del Espíritu. De hecho, me alarmé y sentí que algo estaba equivocado. Antes de que terminara la primera oración, yo sabía que no era de Dios. La interrumpí:

—Por favor, deténgase.

Ella se detuvo, sorprendida por mi interrupción. Gentil pero firmemente, le dije:

—Lo que usted está diciendo no viene del Espíritu de Dios sino de su propia inspiración.

Fue incómodo, no solo para ella y para mí, sino también para el resto de las parejas. Ella se fue enseguida después del incidente. Las otras parejas me agradecieron, porque ella tenía el hábito de hacer esto con la gente, y probablemente lo hubiera hecho con el grupo entero. Usaba estas palabras para controlar a su pastor y a algunos de los ancianos. Cuando él se liberó del control de ella, la mujer se fue y comenzó su propia iglesia.

¿Qué sucede si la palabra viene de parte de un líder? La Biblia dice que no reprendamos a un anciano.

Cuando comencé a viajar, estando en una iglesia, sentí una alarma cuando estaba siendo presentado por el pastor de la misma. Entonces el pastor dijo:

—John, Dios me ha dado una palabra para ti.

Confrontar a este pastor de la misma forma en que lo había hecho con aquella mujer hubiera estado fuera de orden. En mi interior puse una pared en mi corazón y me dije a mí mismo: *«No acepto esto como de Dios, y esta palabra no penetrará en mi corazón.»*

El pastor caminó hacia mí para darme la palabra, pero entonces me miró con una mirada de profundo asombro, se dio vuelta y no dijo nada. Al siguiente día el pastor me dijo:

—La noche anterior yo tenía una palabra para ti, pero cuando caminé hacia ti, esa palabra me dejó. Entonces no tuve nada para decir.

Le dije al pastor que, según yo creía, si la palabra hubiera provenido de Dios no lo hubiera dejado tan fácilmente.

La mayoría de las veces no hay un repentino y fuerte sentido de alarma. En esos casos, usualmente escucho la palabra, mientras busco en mi interior por el testimonio del Espíritu Santo. Siempre oro íntimamente: *«Espíritu Santo, muéstrame si esto viene de ti.»* Si no siento un testimonio, lo manejo de la siguiente forma:

Si es una palabra de paz y prosperidad, la cual yo sé que no viene del Espíritu Santo, simplemente le digo a la persona que no creo que sea palabra de Dios. Si persiste y trata de convencerme de que Dios le está mostrando esto, entonces le digo firmemente que no recibo sus palabras. Las rechazo, a fin de bloquear el engaño.

Si la palabra es de corrección, la manejo de forma diferente. La validez de la corrección no siempre es fácil de discernir. Si hay algo de orgullo en su corazón, este puede ocultar el testimonio del Espíritu. Esto sucedió cuando Jesús le dio a Pedro las palabras prediciendo su negación. La represión y la corrección deben ser consideradas cuidadosamente, y orar acerca de ellas.

También encuentro que la gente puede entregar mensajes correctos con motivaciones o actitudes equivocadas. Es difícil probar si es la palabra o la motivación la que apaga la alarma. Aun así, si fuera verdad lo que dice, debo tomarlo para orar, y permanecer abierto a lo que Dios habla a mi corazón. Jesús dijo:

«Ponte de acuerdo con tu adversario pronto».
—Mateo 5:25

El ponerse de acuerdo para orar sobre esto no significa necesariamente que ha recibido las palabras, sino que su corazón está abierto a la dirección de Dios. He encontrado que unas pocas de esas palabras han resultado en correcciones efectivas, produciendo humildad y carácter santo en mi vida.

Romper el poder detrás de las palabras

He aprendido que con mucha frecuencia las falsas palabras traen fuerzas espirituales con ellas. Si no son tratadas debidamente, pueden resultar en engaño u opresión. Aprendí esta lección cuando por primera vez comencé a viajar. Estuve conduciendo cinco servicios en una iglesia que había perdido su pastor. La gente joven fue gratamente afectada. Dios tocó sus corazones sacudiéndolos de la indiferencia e irreverencia y llevándolos a la participación activa. Para el tercer servicio ellos llenaban la filas del frente. También muchos adultos fueron salvados y restaurados.

Me invitaron nuevamente, unos pocos meses después, pero esta vez la atmósfera era diferente. Me sentí rodeado por cierta pesadez que no me podía sacudir ni aun cuando estaba en oración. Sentía como si el peso o carga de toda la iglesia y la ciudad estuviera sobre mis hombros, y no tenía ni unción ni autoridad para llevarla. Hasta le pregunté a Dios: «¿Quieres que deje de viajar y pastoree esta iglesia?» No hubo respuesta. El peso era casi insoportable. Finalmente, después de una hora de batalla, clamé: «Padre, ¿qué está sucediendo?»

Escuché la suave voz del Espíritu Santo: «John, el líder y la cabeza de intercesión están orando para que tomes esta iglesia. No es mi voluntad. Rompe sus palabras, porque son hechicería.» Sabía que este mensaje venía de Dios por dos motivos. Primero, trajo la primera pizca de paz que sentí desde que había llegado. Y segundo, no tenía ninguna razón natural para saber que estas dos buenas personas estaban haciendo eso. Dios vio más allá de lo que yo vi en lo natural, y me dijo que rompiera sus palabras. Isaías dice:

«*Ningún arma forjada contra ti prosperará, y condenarás toda lengua que se levante contra ti en juicio. Esta es la herencia de los siervos de Jehová, y su salvación de mí vendrá, dijo Jehová.*»

—Isaías 54:17

Las palabras pueden ser armas forjadas contra nosotros. Estas palabras tenían fuerzas espirituales detrás de ellas. Note que Dios dice que condenaremos esas palabras. Inmediatamente oré: «Padre, de acuerdo a lo que me has dicho, rompo cada palabra que ha sido orada sobre mi vida y que está incorrecta de acuerdo a tu voluntad. No estoy llamado a venir y pastorear esta iglesia, tal como me lo has dicho; por lo tanto, declaro estas palabras sin poder en mi contra.» Entonces fui tras los poderes demoníacos, diciendo: «Les hablo a las fuerzas de autoridad que me han oprimido, y rompo toda fuerza manipuladora liberada en mi contra, en el Nombre de mi Señor Jesucristo.»

Fue como si un pozo se quebrara en mi interior, y la oración brotara cuando solo unos momentos antes había sido tan difícil. El resto de mi tiempo de oración fue maravilloso. Estaba emocionado por el servicio de esa noche.

Cuando el servicio terminó, les pedí a los dos individuos que se reunieran conmigo. Les compartí cómo Dios me había dicho que ellos habían estado orando para que viniera y pastoreara esta iglesia. Ellos estaban sorprendidos, pero lo reconocieron. Compartieron con gran emoción:

—Nadie antes ha venido a nuestra iglesia y tocado a los jóvenes de la forma en que usted lo hizo.

Interrumpí sus declaraciones de justificación, con:

—¡Es brujería!

Ellos me miraron *shockeados*. Entonces dije:

—Ustedes están orando su voluntad sobre mi vida. Dios me ha llamado a viajar, y ustedes están orando para que venga y tome esta iglesia.

Ambos se arrepintieron y procedimos a tener reuniones maravillosas. ¡Aleluya!

Cómo manejar la profecía verdadera

Finalmente, necesito decir qué hacer con la palabra profética verdadera. La historia de María, la madre de Jesús, da la mejor ilustración. Cuando recibió la palabra profética de parte del mensajero Gabriel acerca de cómo concebiría al Mesías a través del Espíritu Santo, simplemente respondió:

> «He aquí la sierva del Señor; hágase conmigo conforme
> a tu palabra».
> —LUCAS 1:38

Ella no fue y le contó a sus amigos. En lugar de eso, «guardaba todas estas cosas, meditándolas en su corazón» (Lucas 2:19).

Ni siquiera se lo dijo a su prometido José. Leemos:

> «El nacimiento de Jesús, el Cristo, fue así: Su madre, María, estaba comprometida para casarse con José, pero antes de unirse a él, resultó que estaba encinta por obra del Espíritu Santo. Como José, su esposo, era un hombre justo y no quería exponerla a vergüenza pública, resolvió divorciarse de ella en secreto. Pero cuando él estaba considerando hacerlo, se le apareció en sueños un ángel del Señor y le dijo: "José, hijo de David, no temas

recibir a María por esposa, porque ella ha concebido por obra del Espíritu Santo."»

—MATEO 1:18–20, NVI

¡Un ángel tuvo que decirle a José que María no le había sido infiel! ¿Puede alguno de nosotros retener la lengua de la forma en que María lo hizo?

Nuestra cultura no está acostumbrada a esperar y dejar que Dios trabaje. Estamos instintivamente modelados a: «Si no lo tenemos, encontremos la forma de tenerlo.» Así que si no tenemos el dinero para comprarlo, ¡cárgalo a la tarjeta! Si la enfermedad golpea, ¿para qué orar? Llama al doctor; tenemos plan médico. Si se nos ha dado una promesa de Dios, vamos por ella. Lo contamos a todo el mundo, lo proclamamos, y a través de un poco de manipulación y/o control la obtenemos (por supuesto, no decimos la última parte). Entonces, proclamamos que Dios cumplió su promesa para nosotros, pero en realidad solo hemos dado a luz otro Ismael.

Si Dios ha prometido que Dios hará algo en su vida, déjelo que lo haga.

Un sabio amigo me dijo hace unos años:

—Hazlo difícil para Dios; a Él le gusta.

Nunca olvidé sus palabras. Me di cuenta que cuanto más difícil es, ¡más gloria Él obtiene! Nosotros solamente somos responsables de hacer lo que Él nos dice que hagamos. El resto del tiempo creemos, oramos, peleamos con las fuerzas espirituales opuestas, y agradecemos a Dios por su cumplimiento.

Si Dios nos dice que vayamos a una ciudad donde Él levantará una iglesia internacional, nuestra parte es ir a la ciudad, orar y predicar. Él hará una iglesia internacional. Si la adversidad viene contra la palabra de Dios, la manejamos a través de la oración y la obediencia, pero no tenemos que ayudar a que nazca la palabra profética de la promesa.

Con el cumplimiento de Dios, viene un árbol de vida para nosotros. Como Salomón escribió:

«El fruto del justo es árbol de vida».
—Proverbios 11:30

Y nuevamente:

«…pero árbol de vida es el deseo cumplido».
—Proverbios 13:12

Aquel que espera en Dios y persevera hasta el cumplimiento de su promesa, es un vencedor, y Jesús dice: «Al que venciere, le daré a comer del árbol de la vida» (Apocalipsis 2:7). Esperar en Él a través de la oración y el agradecimiento bien vale el esfuerzo.

Epílogo

Antes de concluir, quiero reenfatizar dos puntos que señalé al comienzo de este libro.

Primero, el oficio profético es una necesidad y parte vital del ministerio actual. Aquellos que no creen que Dios aún está enviando profetas están perdiendo un elemento muy importante en el ministerio de Jesús a su Iglesia. Las Escrituras declaran que los profetas han sido dados a la Iglesia para equiparla hasta que lleguemos a la unidad de la fe y del conocimiento del Hijo de Dios, a ser hombres perfectos, hasta la medida de la estatura de la plenitud de Cristo. (Ver Efesios 4:11–13). Esto todavía no ha sido logrado, y no lo será sino hasta el fin de los tiempos.

Segundo, se nos ha dicho que no menospreciemos la profecía (1 Tesalonicenses 5:20). De hecho, Pablo dice a la iglesia:

«Seguid el amor; y procurad los dones espirituales, pero sobre todo que profeticéis».

1 Corintios 14:1

La verdadera profecía es uno de los dones más grandes en el cuerpo. Si ponemos primero lo que va primero, lo cual es la búsqueda del carácter y la gloria de Dios sobre todas las cosas, entonces nuestro profetizar será puro.

Este mensaje no ha sido escrito para desanimar a la profecía verdadera, sino como un llamado a ser vigilantes en probar las «declaraciones proféticas», porque mucho de los «Así dice el Señor» que están siendo dados y escritos actualmente no están inspirados por el Espíritu Santo. Juzgar estas declaraciones no es despreciar la verdadera profecía. Quiero animarlo a estudiar los capítulos 3, 4 y 6 de este libro. Examine diligentemente lo que Dios dice de los profetas y las profecías en el Nuevo Testamento. Su entendimiento de la verdad estará mejor equipado para reconocer lo falso.

Este libro no está completo en sí mismo…así que mucho más puede ser dicho. Pablo advirtió repetidamente a los creyentes que se cuidaran de los falsos ministerios que los llevarían por mal camino. En un momento, él rogó con ellos en Éfeso, día y noche durante tres días. Este humilde trabajo empalidece en comparación.

En conclusión, primero apelo a aquellos de ustedes que están en el liderazgo. Si tal vez he sido muy enfático en el Señor, líderes, por favor, escuchen estas palabras: Ya no retengan más las advertencias necesarias de aquellos que el Espíritu Santo ha puesto bajo vuestro cuidado. Pastoreen la iglesia de Dios, comprada con la preciosa sangre de su Hijo. El tiempo *ha llegado* cuando muchos ya no seguirán la sana doctrina. Plagados por corazones codiciosos y la comezón de oír, buscarán a quienes les prediquen un «evangelio» que gratifique sus apetitos personales. Esto no cesará, sino que continuará desparramándose, hasta que el liderazgo acepte esto y camine en el manto del ministerio profético Elías, que Dios está dando a la Iglesia. Debemos no solo apegarnos a las enseñanzas sino también a las advertencias y correcciones del Señor. ¡Sea audaz y hable la verdad, en el temor de Dios, y por el amor a su pueblo!

Para todos nosotros en la Iglesia, escuchemos el clamor de Dios a través del profeta Jeremías. Esas palabras ciertamente se aplican actualmente.

«*Cosa espantosa y fea es hecha en la tierra; los falsos profetas profetizaron mentira, y los sacerdotes dirigían por manos de ellos; y mi pueblo así lo quiso.*»
—JEREMÍAS 5:30, 31

Dios llama «cosa espantosa y fea» cuando los profetas en la iglesia dan falsas profecías y los líderes gobiernan según su propio poder. Ambos temas han sido trabajados en los primeros capítulos. Sin embargo, lo que punza mi corazón es la siguiente declaración. Dios dice, «y mi pueblo así lo quiso».

Creo que la responsabilidad de que lo falso tenga éxito descansa en cada uno de aquellos de nosotros en la Iglesia que ha abrazado la falsa profecía. Necesitamos preguntarnos: «¿Por qué le hemos dado plataforma nacional a los ministros que hablan a nuestros apetitos y deseos carnales? ¿Hemos deseado las comodidades más que la verdad? ¿La prosperidad más que la santidad? ¿La unción y el poder más que la piedad? ¿Hemos permitido que nuestro deseo por la buena vida ensombrezca nuestro deseo por ver a los perdidos venir a Cristo? ¿Pueden estas ser las razones por las que hemos abrazado palabras falsas y lisonjeras, y algunas veces permitido que nos sobornen? Dios nos advierte:

«*No recibirás presente; porque el presente ciega a los que ven, y pervierte las palabras de los justos.*»
—ÉXODO 23:8

¿Ha sido cegado nuestro discernimiento por las palabras falsas o lisonjeras? ¿Es por esto que hasta nuestras propias palabras están pervertidas? Escuche la palabra del Señor:

«*Porque no habrá más visión vana, ni habrá adivinación de lisonjeros en medio de la casa de Israel.*»
—EZEQUIEL 12:24

El día está viniendo cuando Dios claramente separará la carne de la promesa, lo falso de lo real. Igual que con Abraham, el hijo de la promesa desplazará al de la carne. En aquel día sus atalayas «alzarán la voz, juntamente darán voces de júbilo; porque ojo a ojo verán...» (Isaías 52:8). Las voces proféticas de la promesa tomarán su lugar de servicio. Hasta entonces, debemos hacer caso máximo a las siguientes palabras:

> «Mas os ruego, hermanos, que os fijéis en los que causan divisiones y tropiezos **en contra de la doctrina que vosotros habéis aprendido**, y que os apartéis de ellos. Porque tales personas no sirven a nuestro Señor Jesucristo, sino a sus propios vientres, y con suaves palabras y lisonjas engañan los corazones de los ingenuos.»
> —ROMANOS 16:17, 18, énfasis añadido

Aquellos llamados al ministerio profético, quienes han sido llevados por mal camino o se han desviado por lo que es popular en estos días, Dios les da esta firme directiva:

> «Por tanto, así dijo Jehová: Si te convirtiereis, yo te restauraré, y delante de mí estarás; y si entresacares lo precioso de lo vil, serás como mi boca. Conviértanse ellos a ti, **y tú no te conviertas a ellos.**»
> —JEREMÍAS 15:19, énfasis añadido

Un hombre de Dios no es lo que predica sino lo que vive. Su mensaje no es mayor que lo que él es. Dios encuentra vil nuestros apetitos y deseos carnales. Cuando buscamos agradarnos a nosotros mismos o a otros más de lo que buscamos agradar a Dios, somos presos del peligro de la adivinación, y aun peor, de convertirnos en un falso profeta. Dios promete que nos hará sus portavoces al remover o quitar el mal de delante nuestro. Hay solamente un camino seguro para separar este mal, y es el temor al Señor. Porque:

«...*con el temor de Jehová los hombres se apartan del mal.*»

—PROVERBIOS 16:6

Cuando tememos a Dios diferimos de los deseos del Hombre. El temor de Dios es nuestra mayor necesidad en este día y hora. Creo que muchos clamarán con un solo corazón y voz por su restauración. Somos un pueblo de destino. ¡Somos llamados por su Nombre, para manifestar su gloria en toda la tierra! ¡Aleluya!

Lo dejo con estas palabras que el Señor puso en mi corazón esta mañana, mientras terminaba este trabajo:

«*Una cosa he demandado a Jehová, esta buscaré; que esté yo en la casa de Jehová todo los días de mi vida, para contemplar la hermosura de Jehová, y para inquirir en su templo.*»

—SALMO 27:4

Que el Señor sea siempre nuestro más profundo y fuerte deseo.

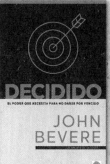

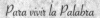

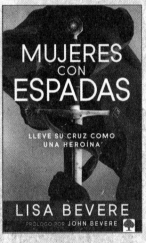

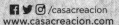

CASA CREACIÓN